JN081244

社長！今すぐ「高校新卒採用」に取り組みなさい！

中小企業の人材不足を
解消するための教科書

渡邉宏明・著
Watanabe Hiroaki

はじめに

突然ですが、高校新卒採用は……結構、たいへんです。

なぜか？

就職を希望する高校生の９割以上は「学校斡旋」を活用して、就職活動を行なっており、企業は高校の進路指導室を介して、生徒に自社の魅力を伝える必要があるためです。そのため、大学新卒採用のように学生の多くが活用するリクナビやマイナビといった就活メディアが育ちにくい土壌であるため、高校新卒採用に取り組む企業は、高校へのダイレクトのＰＲ力を高める必要があるためです。

このことこそが、冒頭に〝高校新卒採用は…結構、たいへんです〟とお伝えした理由なのですが、しかしながら、実は、高校新卒採用は「学校斡旋」という仕組みが存在するからこそ、こと中小企業にとっては、それを理解し、正しい方法・正しい順番で採用広報を行なえば、高校へのPR力が高まり、大手企業や有名企業に埋没することなく、最短で、効率的に優秀な若手人材が獲得できる新卒採用マーケットでもあるのです。

ご挨拶が遅れました、「高卒採用」改善コンサルタントの渡邉宏明（わたなべひろあき）です。

2000年代半ば、当時、リクルートで地方都市の求人メディアの広告営業に携わっていた20代の私は、国内の労働力人口が減少する中でシニア・主婦・外国人の活用に注目が集まり、中でも、ファストフード店やコンビニ、飲食店では顕著にそれらの方々の活躍が目立ち始める、という〝労働市場の顔ぶれの変化〟を目の当たりにしてきました。今まで活用できていなかった、このシニア・主婦・外国人といった人材領域に注目が集まることは、すばらしいことである、と感じた一方で、ある疑問が浮かんできました。それは…。

「まだ、他に十分に注目されていない人材領域ははたしてないものか？」という疑問でした。

そして、私の兄が高校新卒で就職したことを思い出して着目したのが、新卒領域の中の高校新卒マーケットでした。調べれば、大学新卒の5割に迫る約18万人程（当時）が毎年、高校新卒で就職しており、一定の人材マーケット規模であるということを知りました。そして、さらに調べていくわけですが、冒頭からお伝えしてきた9割以上の就職希望高校生が活用する学校斡旋という仕組みが存在することにより、就活メディアが育ちにくい、そのため高校新卒採用に取り組む企業側の課題としては〝うまくいっている企業がどのような工夫をしているのか？〟が見えづらく、各社が手探り状態で採用広報を行なっている可能性がある、ということが見えてきました。

そして、百聞は一見に如かず。

２０１２年にキャリアコンサルタント資格を取得した私は、その足で、高校に入職。年間70名ほどの高校生の就職指導にあたる中で、実際の高校生たちの就活フローや、すでに採用がうまく進んでいる企業の採用広報がどのように行なわれているのか？　を自分の目で確かめることにしました。そして、高校就職指導で得た知見をもとに、２０１５年からは当時、高校新卒採用に力を注ぎ始めていたイエローハット子会社・グループ会社7社の高校新卒採用に関わることになるわけですが、高校内部での就職指導経験をもとにした独自の採用広報を行なうことで、1年目から応募者数前年比3倍という、確かな成果を上げることができました。当時、「自由に好きなようにやってください」と、高校新卒採用広報の機会を与えてくださった株式会社イエローハットの児島一登氏（現・中国・九州支店長）には心から感謝いたしております。この場を借りて御礼申し上げます。

さて、高校での就職指導と、企業側からの高校生への採用広報の経験を積む中で、高校新卒採用を効率よく、最短で軌道に乗せるポイントを理解した私は、このノウハウをさらに多くの若手人材不足の問題を抱える中小企業に普及させたいという思いから、２０１８年に会社を設立し、幅広い業種・職種において、高校新卒採用の支援サービスを開始いたしました。本書は、高校新卒採用の魅力や、私のこれまでの高校新卒採用における知見やノウハウを中小企業が活用しやすいように整理し、網羅した、いわば、高校新卒採用の教科書です。

本書は、必ずしも1章から読み進める必要はありません。まず、目次に目を通して、あなたの会社の状況に合わせて、自社の課題に合ったところから、読み進めてみてください。

さあ、一緒に高校新卒採用の旅に出ましょう！

8章 高校新卒採用に取り組む企業の事例紹介

カバーデザイン・中西啓一（Panix）
本文 DTP・河岡　隆（(株）西崎印刷）

1章

中小企業にとって魅力満載！
高校新卒採用のメリットとは？

①高校新卒採用マーケットはブルーオーシャン

「数年前に比べて、大学新卒採用がうまくいかなくて…どうしたものでしょうか」

これは、最近になって中小企業の社長や採用責任者からよく耳にする言葉です。このような相談を受けた場合、私は「社長、そろそろ高校新卒採用に取り組む決断が必要ですね」と、決まってそうお伝えしています。

◉では、なぜ今、中小企業の多くが以前に比べて大学新卒採用に苦戦しているのでしょうか?

その理由は、**中でも従業員規模300人未満の中小企業の大卒求人倍率が上昇**しているためです。リクルートワークス研究所の調査によると、2023年3月卒の大卒の求人倍率は1・58倍。これは、言うまでもなく1人の求職者に対して1・58社が求人を出している状態です。

この数字だけを見ると、「これって、そんなに高いの?」と感じるかもしれません。しかし、これは従業員規模にかかわらず、大企業も含めた求人倍率です。

では、従業員規模３００人未満の中小企業に絞った場合の大卒求人倍率はというと…**なんと、５・31倍**にも跳ね上がるのです。言い換えれば、従業員規模３００人未満の中小企業を就職先として希望している大学新卒者１人を採用するのに、中小企業５社強が争奪戦を繰り広げているという状態です。

さらに言えば、この５・31倍という求人倍率は、新型コロナウイルス感染症で経済が大打撃を受け、企業の採用意欲がまだまだコロナ前に戻っていない中での求人倍率です。では、新型コロナウイルス感染症の影響を受ける前の**２０２０年３月卒にフォーカスをすると、どうでしょう？**

６倍？…７倍？…いえいえ、まだまだ、８倍？…惜しい、なんと、**実に８・62倍にまで上昇**しているのです。

求人倍率８・62倍。超売り手市場であり、中小企業にとっては、まさにレッドオーシャンの採用マーケットです。それなりの予算を計上して、マイナビやリクナビをはじめとする就職サイトや合同企業説明会に参加したとしても、**従業員規模３００人未満の中小企業の大学**

新卒採用がなかなかうまく進まないわけです。

では、翻って、本書でオススメする高校新卒採用マーケットに目を向けてみるとどうでしょうか？

厚生労働省の発表によると、２０２３年3月卒の高卒求人倍率は３・01倍、ここ数年で注目が集まり上昇傾向にあるものの、**それでも、まだ3倍ほどです**。求人倍率だけを比較しても、大学新卒採用に比べ、高校新卒採用が、中小企業にとってまだまだブルーオーシャンの採用マーケットであることがおわかりいただけるかと思いますが、中小企業が高校新卒採用に取り組むべき理由は、これだけではありません。

◉「大学全入時代」という言葉をご存じでしょうか？

少子化による**18歳人口の減少の影響で、大学の入学希望者総数が入学定員総数を下回る状況**を迎えるとされる言葉です。日本経済新聞社によると、「２０２３年か２４年の4月にも全入となる可能性がある」と発表されています。18歳人口は、１９９２年の２０５万人をピークに右肩下がり、２０２３年にはピーク時の約半減となる１１０万人にまで減少。一方、大学進学率は1992年の26・4％から2020年には54・4％と、過去最高を記録しています。では、このことが何を意味しているのか？

大学進学者の学力低下です。

もちろん、すべての大学が当てはまるとは考えていません。一部の難関大学や有名大学は、以前と変わらず高い競争率を維持し、入学するには高い学力を必要とします。しかし、一方で、**大学全入により、多少学力が低くても、選り好みさえしなければ大学進学ができる。**そして、「大学新卒」になれるという現実もあります。

大卒求人倍率8・62倍。大学全入時代による大学進学者の学力低下。こういった中にあって、新卒採用で**大学新卒に固執するのではなく、**高校新卒である18歳新卒人材の獲得に注力し始める中小企業も増えています。

読者のあなたが、従業員規模300人未満の中小企業経営者、採用責任者で、まだ高校新卒採用に着手していないのであれば、大学新卒採用と比較すると、まだまだブルーオーシャン、**中小企業の勝ち目のある高校新卒採用に着手することをオススメ**します。

②大学進学者が社会に出る22歳時には、すでに貴重な戦力へと成長

「高校新卒は、子どもっぽいからなあ……」
「大学新卒と比べて、バイト経験もないし、本当に社会人として（仕事が）務まるのかな？」

高校新卒採用に、これまで取り組んだ経験のない中小企業の社長、採用責任者からよく耳にする言葉です。**たしかに大学新卒者と比べて、18歳で社会に出る高校新卒者は、多くの場合、表情や言動に子どもっぽさが目立ちます**。そのため、初めての高校新卒採用を検討している企業の立場を考えると、不安な気持ちは十分に理解できます。

しかし、大学新卒者と比べて多くの場合、バイト経験もなく、まだ社会を知らないからこそ、何ものにも染められていません。だからこそ、**乾いたスポンジがぐんぐん水を吸収するように、成長スピードが驚くほど早い、これもまた事実**なのです。とくに若手人材不足の問題を抱える、または大学新卒採用に苦戦する中小企業は、高校新卒者の不安材料だけにフォーカスするのではなく、**採用するメリットにも正しく着眼すべき**だ、と私は考えています。

以前私は、高校生の職業選択の実態を知るために、就職指導員として私立高校に身を置いたことがあります。年間約70名の生徒へ就職指導を行ない、社会に送り出しました。そして、生徒たちが社会に出た後の成長過程も気になり、時間があれば、邪魔にならない程度に、生徒の職場に顔を出すなどして、様子をうかがってきました。

なかでも、卒業後に高級菓子メーカーの販売職についたOさんの、短期間での成長ぶりは印象的でした。彼女が入社して半年経った頃でしょうか。贈答用のお菓子を購入する機会があった私は、せっかくであれば、就職指導をしたOさんが働くお店で購入しようと考えました。卒業後、初めての再会でした。高校在学中、Oさんはどちらかというと、おふざけキャラで、ともすれば、教員や就職指導員である私に、馴れ馴れしくタメ口を使うような一面もあったため、私は、社会人としての彼女の姿に多少の不安と期待を抱えながら、彼女が勤務する百貨店の売場に近づきました。

「先生、たいへんご無沙汰しております」

私に気づいたOさんは、少し驚きながらも、落ち着いたトーンで品のよい挨拶をしてくれました。もちろん職場なので、きちんとした挨拶をすることは、当然のことかもしれませんが、約半年前のおふざけキャラだった彼女の面影はなく、頼もしく成長した姿に、私はたいへん感動したものです。入社からわずか半年の彼女の仕事ぶりからは、気配り、目配り、そして心配りができる立派な社会人へと成長を遂げていることが、はっきりとうかがえたのです。

この他にも、就職指導をして社会に送り出した生徒をはじめ、これまで、高校新卒採用を支援してきた企業を通して、短期間で目を見張る成長を遂げた高校新卒人材を何人も目にしてきました。そのたびに、高校新卒人材は、迎え入れる企業が社会人として、また業務上必要となる教育をきちんと施せば、まだ社会を知らず、何ものにも染められていない素直さがあるからこそ、**短期間で大きな成長を遂げる高いポテンシャルを持っている**ことを再認識させられました。

そして、なかには、大学に進学した同級生たちが社会人デビューをはたす4年後の**22歳時には、すでに、役職と部下を持ち、若手の主力社員として活躍する高校新卒人材**もいます。

高校新卒である18歳新卒人材は、入社時こそ、あどけなさや子どもっぽさがあり、雇用する側からすると、不安を感じることは当然のことかもしれません。しかしながら、若手人材不足の問題を抱えている、とくに、大学新卒採用に苦戦している中小企業、なかでも、従業員規300人未満の企業は、高校新卒の**不安材料だけにフォーカスしている場合ではありません**。

求人倍率8・62倍。

前項でも述べましたが、中小企業にとって、大学新卒採用マーケットはなるべくなら身を置くことを避けるべきレッドオーシャンです。

私は、中小企業は、このレッドオーシャンマーケットである大学新卒採用に死力を尽くすのではなく、まだまだブルーオーシャンであり、なかには、4年後、大学進学をした同級生たちが社会に出る22歳時には、すでに**貴重な戦力へと成長を遂げる可能性を秘めた高校新卒採用マーケットにいち早く飛び込み、着実に18歳新卒人材を採用**する。そして、入社後の育成に力を注ぐことの方が、**賢い選択**ではないか？　と考えています。

続く次項では、さらに高校新卒における採用計画の立てやすさをご説明します。

③内定辞退ほぼゼロ。だから採用計画が立てやすい

「高校新卒採用の内定辞退率って、どれくらいですか？」

大学新卒採用に取り組んでいる企業の採用担当者からよくある質問です。「ほぼゼロです。あっても感覚値では、高くても5％くらいでしょうか。」と私がお答えすると、「え、え〜！…**内定を出せば、高校新卒は、ほとんど入社するんですか！**」と驚愕される方もいらっしゃいます。それもそのはず、就職みらい研究所（株式会社リクルート）の調査によると、2022年3月卒**大学新卒者の内定辞退率は実に63・5％**（2021年10月1日時点）にのぼると発表されています。

内定辞退率63・5％。わかりやすく言うと、企業が3人に内定通知を出しても、そのうちの2人の学生からは、内定辞退の申し出がある状況です。この数字は、大企業も含めた数字なので、中小企業にフォーカスすると、実際にはもっと高い内定辞退率になるのかもしれま

せん。

一方、高校新卒の場合、これまでの私の高校での就職指導や中小企業への高校新卒採用の支援を通じて、**高校新卒の内定辞退率は高くても5％程度**と感じています。わかりやすく言うと、20人の生徒に内定を出して、わずか1名の生徒からの内定辞退があり、19名は内定を承諾し、入社するという数字です。3人に内定通知を出して、そのうち2人の学生から内定辞退がある大学新卒とわかりやすく比較すると、3人の生徒に内定通知を出せば3人とも内定を承諾し、入社してくるのが高校新卒なのです。

いかがですか？　驚きではありませんか？

では、なぜ高校新卒はこれほどまでに内定辞退率が低いのか？　その理由は、高校新卒採用においては**「学校斡旋」という就職方法が存在**し、企業がハローワークを通して、高校に高卒求人票を届け、生徒が教員や保護者と相談して最初の応募先を1社に絞る**「1人1社制」が慣行**となっているためです。（2022年11月時点で秋田県・沖縄県・和歌山県・大阪府は例外）

この「1人1社制」という慣行には賛否意見があるのですが、メリットとしては企業においては、先にお伝えした通り**内定辞退率が低く、採用計画が非常に立てやすい**点が挙げられます。

また就職を希望する生徒においては、「1人1社制」によりライバルが減ることで、応募した企業からの内定を獲得しやすいというメリットもある、と私は考えています。

ただ、一方で最初の応募先企業が1社に限定されることによりミスマッチが発生し、早期離職につながっているという意見もあり、1次応募（最初の応募）から複数社応募を可能にしていこうという動きも広がりつつあります。2021年度からは、もともと1次応募から複数社応募が可能であった秋田県・沖縄県に続き和歌山県が、そして、2022年度からは大阪府でも1次応募から複数応募が可能となり、また今後、この流れは全国的に広がっていくと思われます…。

ん？　…あれ？

ちょっと待ってください。話と違うじゃないですか?!

だったら、今後、高校新卒採用においても、内定辞退率が上がっていくんじゃないの?!

ここまでご覧になった読者のあなたは、そのように思ったかも知れませんが、あわてないでください。高校で就職指導を行なってきた私の経験に照らし合わせると、1次応募から複数社の応募が可能になったとしても、**大学生の就活のように就職希望高校生が数十社同時にエントリーするようなことは、現実的には起こらない**と考えています。その大きな理由としては、高校側が生徒に対して十分な就職指導を行なえなくなり、逆に企業からの内定率が下がってしまう危険性があるためです。

私が年間約70名の生徒に就職指導を行なっていた際には、まず、応募する企業のリサーチ、そして、応募書類作成指導、応募書類の添削、面接指導と進路指導に関わる教員約10名程度で指導に取り組んでいましたが、「1人1社制」の当時でさえ、現場は、てんやわんやでした。就職指導室は、たいへんなカオス状態でした。

ですので、この私の実体験を元に考えると、今後、「1人1社制」が全国的に緩和され、1次応募から複数社応募が可能になったとしても、実際にすべての就職希望高校生が、複数社応募を行なう流れにはならないと思います。

大学新卒の内定辞退率63・5％。一方、現状の「1人1社制」のもとでの高校新卒の内定辞退率は5％。**今後、複数応募が可能となったとしても、劇的に上昇することはあり得ません**。高校新卒採用は、中小企業にとってブルーオーシャンマーケットであり、成長スピードが早い人材マーケットであり、そして、さらに内定辞退率の極めて少ない、採用計画が立てやすい採用マーケットであることがおわかりいただけたかと思います。

④「学校斡旋」の仕組みをうまく利用すれば、中小企業の高校新卒採用は最短で軌道に乗る

「初めて高校新卒採用に取り組もうと思っているのですが、まず、何から取り組めばよいでしょうか？」

ここ最近、弊社のホームページの問い合わせフォームを経由して、中小企業の経営者・採用責任者から、このような基本的な相談が増えつつあります。私は、徐々に高校新卒採用への注目が集まりつつある証拠だと感じており、この分野の採用を専門に支援している者としてうれしく思います。

さて、**「まず何から取り組めばよいか？」**という相談に対して、私はまず、**「高校生の就活**

図1　学校斡旋

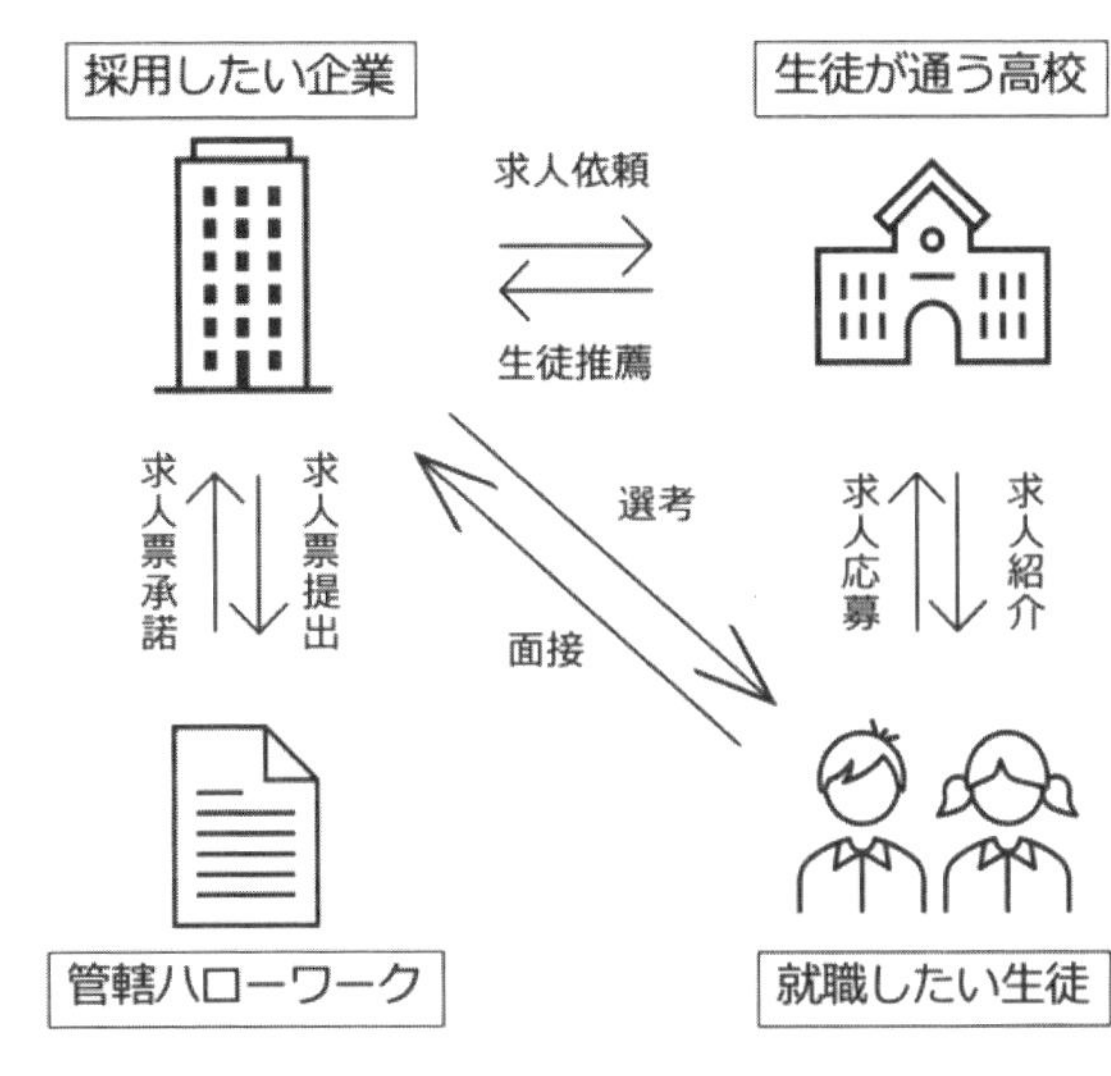

方法を理解しましょう」とお伝えするとともに、高校新卒における採用広報に取りかかるにあたって抑えておかなければいけないポイントをお伝えしています。

◉「学校斡旋」「自己開拓」「縁故就職」

就職を希望する高校生の就活方法は、大きくこの3つです。

「**学校斡旋**」（**図1**）とは、**採用したい企業と就職を希望する生徒の間に、学校が斡旋機関として介在**することで、生徒の就職活動を円滑に進めることを目的としたものです。わかりやすくいうと、高校の進路指導室が、ハローワークの求職相談窓口のような機能を担っているとお伝えした方がイメージしやすいかもしれません。

高校の進路指導室では、基本的には生徒独自では入手しにくい高卒求人票を見ることができ、進路教員や就職指導員に相談しながら、自分の就職先を決めることができるといったものです。

一方、「自己開拓」「縁故就職」は、全体からするとごくわずかです。「自己開拓」はその名の通り、生徒自らが求人メディアやハローワークの一般求人などから、就きたい仕事を見つけて、学校を頼らず、ダイレクトに企業に応募する方法です。たとえば、「エステティシャンになりたいのだけれど、高校に届いた高卒求人票の中に該当する職種が見当たらなかったので、自分で見つけて直接応募した」などがこれにあたります。

ここ数年で、高校生向けの求人メディアも登場してきており、徐々に「自己開拓」も認知され始めてきてはいるものの、やはり進路教員や就職指導員に相談しながら、自分の就職先を決めることができて、かつ企業への推薦がもらえる**「学校斡旋」が圧倒的に支持されているのが現状です**。「縁故就職」は、身内の紹介などで就職する方法ですが、高校生の場合、家族や親族が営む会社に就職するケースが多く見られます。

「学校斡旋」「自己開拓」「縁故就職」

言わずもがなですが、中小企業にとって、3つの就活方法の中で最もメジャーである**「学校斡旋」を理解して、最小限の労力で、効率よく採用広報を行なうこと**が高校新卒採用を最短で軌道に乗せる方法となります。そして、初めて高校新卒採用に取り組む中小企業にとって**外してはいけないポイント**があります。逆を言うと、このポイントさえ抑えておけば、最短で高校新卒採用を軌道に乗せることができます。それは、**「就職指導にあたる教員の思いを理解した採用広報を行なう」**ということです。

シンプルですが、「学校斡旋」がメジャーである高校新卒採用においての最大のポイントはこれに尽きます。では、「就職指導にあたる教員の思い」とは何か？

「安心して送り出せる企業を生徒に紹介したい」ということです。

ですので、高校新卒採用においては、**このポイントを抑えて、採用広報を行なうことが鉄則**であり、このポイントさえ抑えておけば、大企業や有名企業でなくても、近隣はもちろん、遠方から就職を希望する高校生が最短で集まってくるようになります。

続く次項では、実際にこのポイントを抑えて、高校への採用広報を行なった結果、前年の応募者ゼロが嘘だったかのように、遠方・離島を含めて、求めていた高校生たちが集まってきた中小企業の事例をご紹介します。

⑤遠方・離島からも優秀な高校生たちが集まってきた「株式会社セイブ」の事例

「うちのような都心部から離れた郊外にある中小企業は、さすがに厳しいでしょうか？」

大企業のような全国的な知名度もないし、ローカルエリアに事業所が存在する。そんな中小企業の経営者や採用責任者から、これもまた最近よくある相談です。このような場合、私は「大丈夫です。ただし、ある条件が揃えば…の話ではありますが…」とお伝えして、前年応募者0から、**遠方・離島を含めて広範囲から、12名もの優秀な就職希望高校生が集まってきた**、ある中小企業の事例をご紹介することにしています。

社名は株式会社セイブ（田中憲治社長）。福岡県の久留米市南部の荒木町に本社・工場を構え、地元、筑後エリアの厳選素材を活かした事業所向けお弁当製造・宅配をメインとし、

図2　株式会社セイブ

給食事業も担う、いわば筑後エリアの食を担う、地元では名の知れた中小企業です。事業好調につき、2015年には最新鋭の設備が揃った工場を新設するなど、近年拡大を進めてきた同社の悩みは、次世代を担う若手人材の確保でした。

数年前から、高校新卒採用に独自で取り組み近隣の高校に的を絞り、高卒求人票を高校に届けるものの反応はなし。そういった中、2019年から弊社で高校新卒の採用広報支援をさせていただくことになりました。

まず支援を開始するにあたって、同社のPRポイントをリサーチしました。これには、前項でお伝えした、**「就職指導にあたる進路教員の思い」を汲み取って、「生徒に安心して紹介で**

きる企業」であることが伝わるPRポイントをピックアップ。具体的には、入社後の教育環境やサポート体制など、早期離職を防ぎ、長く働ける環境が整っているか？　などがこれに該当します。そして、引き続き生徒・保護者の視点に立ってリサーチを進めていきます。

すると、株式会社セイブの場合、県から働き方改革推進企業の認定を受けていたり、それがきっかけで地元の人気テレビ番組に取り上げられていたりと、PRポイントが見えてきました。そして、PRポイントをピックアップする際には、**すべての企業に、必ずヒアリングしている重要なこと**があります。

それは、**「教員」「生徒」「保護者」、この3者が共通して、関心を持っている「衣食住」のうちの「食」と「住」に関しての環境情報**です。

この「食住環境」に関する情報は、特に遠方から就職し、一人暮らしをする必要がある高校生はもちろん、「教員」「保護者」にとって、まず最初に気になる情報です。とくに、すでに高校新卒採用に取り組んでいるものの応募状況が芳しくない中小企業であれば、近隣の対象高校へのPRだけでは、満足な結果を得ることができません。そのため、**PR対象高校を増やす必要があり、必然的に対象エリアを広げる必要が出てくる**ため、この**「食住環境」に**

関する情報が必要となってくるわけです。

福岡県久留米市の株式会社セイブは、もともと昼食は自社の自慢のお弁当を社員特別価格で食べることができ、「食」に関しては安心の環境でした。これに加えて、同社では、住宅補助として毎月会社が２万円を支給することを決定し、**「住」に関するサポートを手厚く**することで、遠方の高校生からの応募を増やすことにしました。そして、エリアを近隣の高校から、九州全域の高校へ範囲を広げたところ、応募がまったくなかった状況から、一転して九州全域、**遠方・離島を含めて、優秀な高校生たちがどんどん集まってくる人気企業になったわけです**。

もちろん、理由はそれだけではありません。同社の田中社長はじめ大坪工場長、砂山総務部長が、私が提案する高校新卒採用広報支援の内容に理解を示し、多忙を極める中でも、こまめに連携して活動を進めたからこそであり、同社の元々持っている企業としての魅力があるからこその結果なのですが、それを前提として大きく飛躍したポイントは、

（１）エリアを広げて、ＰＲする対象高校（生徒）を増やした

（２）遠方の高校生からの反応を上げるために、必要不可欠である「食住環境」を整えた

まず、この2つを実行したことにより、これまでなかなか開かなかった、高校新卒採用の重い扉が開き、遠方・離島からも、求めていた高校生たちがどんどん集まってきたわけです。

⑥年を追うごとに、どんどん優秀な高校生たちが集まってくる

「いや〜、ありがとうございます。今年の応募者は優秀でした！」

「以前と比べると、ここ最近は学力も一定以上で、受け入れる私たちの方が、身が引き締まる思いです」

これは、弊社が高校新卒における採用広報支援をさせていただいている中小企業、なかでも、とくに2年目以降の企業からよく聞かれる言葉です。こう伝えられると私は、「それはよかったです。恐らく、御社は『高校新卒採用における好循環フェーズ』に入ったものだと思います」とお伝えし、なぜ、このようなことが起こるのか？　を説明するようにしています。

図3　高校新卒採用におけるＡＩＳＡＳの法則

高校新卒採用に取り組み始めたばかりの行動プロセス

	進路教員 就職指導員	就職希望生徒	保護者
Attention （注目・認知）	会社の存在を知る	会社の存在を知る	会社の存在を知る
Interest （興味・関心）	高卒求人票や 会社案内を見る	高卒求人票や 会社案内を見る	高卒求人票や 会社案内を見る
Search （検索）	ホームページや 動画等の 会社情報検索	ホームページや 動画等の 会社情報検索	ホームページや 動画等の 会社情報検索
Action （行動）	いつでも生徒に 紹介できるよう 情報をストック	職場見学に参加	応募を許可
Share （共有）	生徒に紹介	保護者に共有	保護者間で共有する など口コミで広がる

高校新卒採用に取り組み始めたばかりの段階では、
まず、進路教員や就職指導員に認知してもらい、興味関心を持ってもらう必要がある

◉『高校新卒採用における好循環フェーズ』とは何か？

以前は、就職を希望する高校生からの応募すらなかった。もしくは、応募があったとしても、採用要件を満たしていない、そんな状況から徐々に応募が増え、そして**自社が求める高校生からの応募が安定的に集まる段階のこと**を、私は『高校新卒採用における好循環フェーズ』と呼んでいます。

では、この『高校新卒採用における好循環フェーズ』はどのようにして起こるのか？　私は、マーケティングにおける認知から行動までのプロセスを示す、有名なＡＩＤＭＡの法則を応用した電通提唱の**ＡＩＳＡＳの法則**に当てはめて考えています。

このＡＩＳＡＳの法則とは、Attention（注目・認知）、Interest（興味・関心）、Search（検索）、Action（行動）、Share（共有）の頭文字をとって、このように呼ばれているのですが、これを一つひとつ、就職を希望する高校生の９割以上が活用する就活方法である「学校斡旋」に当てはめて考えると、図３のように最初のキーマンである進路教員や就職指導員、そしてその次に就職を希望する生徒、保護者の３者が、それぞれ、**このＡＩＳＡＳの法則プロセスに則って、意思決定を行なう**ことがわかります。

そして、順調に採用広報を行ない続け、ＰＲ対象高校での浸透が進んでいくと、**２年目、３年目以降には、図４のように進路教員や就職指導員への行動促進が不要**となり、**安定的に応募を希望する生徒が出てくる**流れに入ります。とくに先輩が入社し、活躍する姿などが生徒や保護者に伝われば、応募を決意するための強力な判断材料となり、**一つの高校から特定の企業に複数人が応募を希望する、**ということも出てくるわけですが、実はこれこそ、「**年を追うごとに、優秀な高校生がどんどん集まってくる**理由」なのです。

なぜか？　それは、多くの高校で特定の企業に複数人の生徒から応募希望が出た場合に、**「校内選考」を実施しているため**です。では、校内選考とは何か？　実施している各高校により、

図4　高校新卒採用における好循環フェーズに入った状態

好循環フェーズに入った場合の行動プロセス

	進路教員 就職指導員	就職希望生徒	保護者
Attention （注目・認知）	不要	既に認知！	会社の存在を知る
Interest （興味・関心）		高卒求人票や 会社案内を見る	高卒求人票や 会社案内を見る
Search （検索）		ホームページや 動画等の 会社情報検索	ホームページや 動画等の 会社情報検索
Action （行動）		職場見学に参加	応募を許可
Share （共有）		友人に共有！ 保護者に共有	保護者間で共有する など口コミで広がる

進路教員や就職指導員だけでなく生徒の認知も進んでおり、SNSなどを使って同級生の間でもシェアが進むなど、母集団が自然に形成されて好循環フェーズに入る

多少の違いはあるものの、一般的には、成績や学校生活への取り組み姿勢、出席日数などを考慮して、高校から企業に推薦する生徒を1名に絞り込む、というもので、わかりやすく言えば、**校内で実施される1回目の選考のこと**です。

ここまでお伝えすれば、「年を追うごとに優秀な高校生たちがどんどん集まってくる理由」がもうおわかりでしょうか？

そうです、対象高校への採用広報を継続的に行ない、高校新卒採用が徐々に軌道に乗り始めると、『高校新卒採用における好循環フェーズ』に入り、特定の高校で複数の生徒が応募をするようになってくる（図4）と、高校の中で1回目の選考が実施される。その**結果、本来の企業**

の選考の場には高校からの選抜メンバーが送り込まれてくる、ということなのです。高校新卒採用は、離陸こそ大きなパワーがかかりますが、その後は安定飛行に入っていきます。

⑦七五三現象は過去のもの。大学新卒と拮抗している高校新卒の早期離職率

「でもねえ、高校新卒は早期離職が怖いんだよねぇ…」

「大学新卒と比べて、なかなか定着がうまくいかないイメージがあるんですよねぇ…」

これも、高校新卒採用に取り組んでいない、もしくは採用を検討している中小企業の経営者や採用責任者からよく耳にする言葉です。

大学新卒のようにバイト経験もなく、あどけなさが残る18歳新卒人材。初めて採用に取り組もうする企業にとっては、不安があるのはごもっともだと思います。ただ、私はその不安な気持ちの多くは、「高校新卒者は、**大学新卒者に比べて、かなり早期離職率が高いそうだ**」**というなんとなくのイメージ**が先行して、若手人材不足の問題を抱えて、かつ、大学新卒採用も大手企業に押されてうまく進んでいないにもかかわらず、高校新卒採用を踏みとどまっ

ている、そんな中小企業が多いようにも思えます。「高校新卒者は、大学新卒者に比べて、かなり早期離職率が高そうだ」――この先入観を多くの方が持つようになったのは、2000年（平成12年）前後5年間程の中学・高校・大学新卒それぞれの3年以内離職率を表わした言葉で、**「七五三現象」という言葉が広まったことも影響**していると私は考えています。

「七五三現象」とは、中学新卒が約70％、高校新卒約50％、大学新卒約30％が入社後3年以内に離職することを表わした言葉なのですが、2022年（令和4年）10月に厚生労働省が公表した新規学卒者の離職情報の学歴別就職後3年以内離職率の推移（図5）によると、2019年（平成31年）では、中学新卒が57・8％、高校新卒35・9％、大学新卒31・5％と、**直近データを見ると「七五三現象」は過去のこと**であることがわかります。

さらに、「七五三現象」の象徴でもある2000年（平成12年）の高校新卒と大学新卒の3年以内離職率の乖離は、実に14・0％もあるのですが、2019年（平成31年）のそれは4・4％にまで拮抗していることが確認いただけます。

いかがでしょうか？

「高校新卒者は、大学新卒者に比べてかなり早期離職率が高そうだ」という先入観が、少しは払拭できたのではないでしょうか？

◉さらにもう一つ、視点を変えると興味深い事実があります。

これまであまり注目されていなかった、高校新卒と高校の上級学校にあたる短大等新卒の3年以内離職率についてです。2006年（平成18年）までは、高校新卒の3年以内離職率が若干上回っていたのですが、2007年（平成19年）には、**高校の上級学校である短大等新卒の3年以内離職率が逆転**し、それ以降はこれまでその状態が続いているのです。ここでいう**「短大等」とは、専門学校も含みます**。この高校の上級学校との3年以内離職率の逆転の事実は、高校新卒採用を検討している中小企業にとっての、一つの判断材料になるのではないでしょうか。

ここまで厚生労働省から公表されている中学・高校・短大等・大学、この4つの学歴別新卒の3年以内離職率を比較してお伝えしてきましたが、事業所規模別や産業別のデータを見ると、さらに詳細な数字が見えてきます。ぜひ、厚生労働省から公表されているデータを元に、高校新卒採用への取り組みをご検討されることをオススメします。

図5　学歴別就職後3年以内離職率の推移

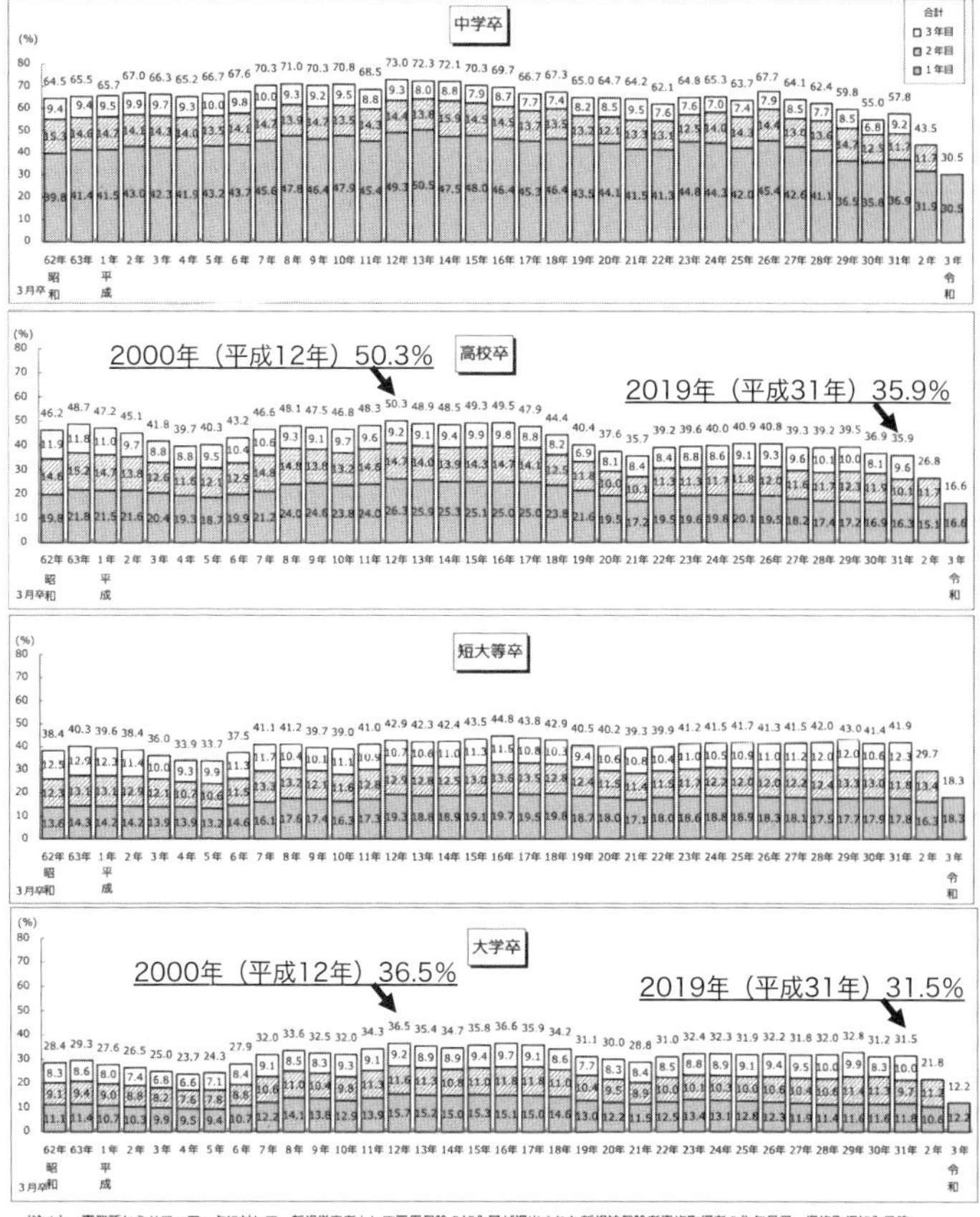

（注1）　事業所からハローワークに対して、新規学卒者として雇用保険の加入届が提出された新規被保険者資格取得者の生年月日、資格取得加入日等、資格取得理由から各学歴ごとに新規学校卒業者と推定される就職者数を算出し、更にその離職日から離職者数・離職率を算出している。

（注2）　各数値は、各年の3月に卒業する新規学卒者の卒業年から3年後の6月時点で把握した離職率である（例えば、平成27年3月に卒業する新規学卒者の数値とは、平成30年6月時点で把握した、就職後3年以内の離職率である）。ただし、令和2年3月及び令和3年3月卒の数値は、令和4年6月時点で把握した離職率である。

（注3）　離職率については、小数点第2位を四捨五入している。
なお、「合計」の離職率は、四捨五入の関係で1年目、2年目、3年目の離職率の合計と一致しないことがある。

出所　２０２２年公表　学歴別就職後３年以内離職率の推移
https://www.mhlw.go.jp/content/11800000/001006083.pdf

2章　潜入調査！　知られざる高校生就活のリアル

①私が高校の就職指導員になった理由

「えっ、渡邉さんって、この事業を立ち上げるために、わざわざ高校の職員にまでなって就職指導をしていたんですか？」

初めてお会いする中小企業の経営者や、採用責任者の方からよく驚かれます。恐らく、私の異常な（笑）行動力への賞賛と、「（高校生の一般的な就活フローなんかはインターネット上にも公開されているし）わざわざそこまでしなくてもよかったのでは…」という気持ちが混じり合って驚かれているのかもしれません。

1章では、現在、高校新卒採用に取り組んでいない、またこれから高校新卒採用への取り組みを検討している中小企業に対して高校新卒採用のメリットをお伝えしてきました。続く2章では、**百聞は一見に如かず、私が高校生の就活実態を知る目的で高校に入職**し（個人的には潜入調査と呼んでいるのですが…）、**年間約70名の高校生への就職指導を通して得たリアルな情報**を元に、これから高校新卒採用に取り組む、取り組んでいるがなかなかうまくいかない中小企業に向けた「高校生就活のリアル」をお伝えします。**この話を聞いた90％の方が、「目から鱗だ」と**驚かれ、「早速、自社の高校新卒採用活動に生かします！」と言っていただける内容です。それでは、進めていきましょう。

と、その前に…。

そもそもなぜ、私が高校新卒マーケットに注目したのか？　少し遡ってそのお話をさせてください。20代半ば、私はリクルートという会社に、期間限定社員として拾ってもらいます。今考えるとすごく恥ずかしい話なのですが、幼少期から学生時代にかけてろくに勉強もせず、超就職氷河期と言われている最中の２０００年（平成12年）に、目的もなく就職、社会人デビューを果たすわけですが、目的が不明確なまま就職した会社では、成長感が得られない日々が続きます。このままではまずい…私は「もう一度学び直そう！」そう考えたわけです。

そして、社会人として生き抜くための実学を学ぶ「最短ルート」は何か？　そう考えた時に偶然目にしたのが、当時「人材輩出企業」と言われていたリクルートの地方都市求人メディア創刊メンバーの求人広告でした。これがきっかけとなり、私は人材業界で仕事を始めることになるのですが、当時、一次選考の面接で私を拾ってくださった平田伸行さん（現・ハナ

マルキ株式会社　取締役マーケティング部長）、また採用を決定して下さり、最初の上司でもあった豊島茂さん（現・九州産業大学　准教授）含め、右も左もわからなかった私をその後、地方都市求人メディアの創刊営業責任者に登用し、プロフェッショナル職にまで昇格させてくださった歴代の上司の皆さんには感謝しかありません。

さて、**今から約20年前、この人材業界への転職をきっかけ**に、私は高校新卒マーケットに注目するようになるわけですが、**当時（２０００年代半ば）、日本ではあることに大きな注目**が集まっていました。

労働力人口の減少問題です。

「主婦・シニア・外国人の活用を進めなければ、このままでは２０３０年には日本の労働力人口が１０００万人減る」そういった記事が新聞紙面によく取り上げられている、そういう時代でした。そして、リクルートの最前線の求人広告営業マンとして、毎日、街に繰り出し、汗まみれになりながら飛び込み営業を行なっていた**私は、リアルに主婦・シニア・外国人の活用が進んでいく光景を目の当たりにしてきました**。

たとえば、コンビニで働く従業員の顔ぶれ一つとっても、２００５年（平成17年）あたりを境に地方都市でも、それまで中心だった大学生バイトやフリーターに加えて、主婦・シニア・外国人の活躍が目立ち始めました。そういった中で、ある疑問を感じることになります。

これまで、活用が進んでいなかった主婦・シニア・外国人人材への注目が集まることはよいことだが、そもそも、**まだ活用できていない人材マーケットは果たしてないのだろうか？**

この時に、私の兄が高校新卒で就職したことを思い出し、ここから**高校新卒マーケットへの興味**を持ち始めたわけですが、調べれば、全国で**大学新卒の5割に迫る数の就職希望高校生が存在**する大きなマーケットであるものの、1章でもご説明した**「学校斡旋」という方法**を利用して就職する生徒が大半であり、それ故に、高卒求人票をはじめとした採用したい**企業の採用広報情報が公開されていない**、いわば閉鎖的な空間の中で、採用したい企業と学校、就職したい生徒のやりとりが行なわれているため、**採用ノウハウを企業ごとに蓄積していくしかないことを知る**ことになります。

そして、閉鎖的な空間である**高校・進路指導室に入らなければ、リアルな高校生の就活実態を把握することはできない**、そう考えて私は高校の門を叩き、就職指導員になったわけです。

②衝撃の事実。大半の生徒は高卒求人票を見ずに応募先を選んでいた

２０１２年、就職指導員として、とある私立高校に入職した私にとって、**最も衝撃だったことが**あります。それは、就職を希望する高校生の大半が、ハローワーク指定の**高卒求人票を見ずに、応募先を選んでいる**という事実でした。

このことだけを聞くと、ともすれば「高校はなんてひどい就職指導をしているんだ！」と思う方がいらっしゃるかもしれませんが、就職指導にあたる進路教員や就職指導員が手を抜いている…そんな話ではありません。実はこれには、１章でお伝えした「学校斡旋」による影響で**全国の多くの高校で起っている問題**が背景にあるのです。

全国の多くの高校で起こっている問題…それは、高校に届く高卒求人票の数が多すぎるため、**就職を希望する生徒全員に印刷をして配布する余裕がない**という問題です。

え？　印刷？

高校生って、未だに紙の情報で就職活動しているの？

そうお感じになった、高校新卒採用にこれから取り組む方のためにお答えします。そうです。大半の高校生は未だに、**紙の情報を元に就職活動を行なっている**のです。

９割以上の就職希望高校生が利用する「学校斡旋」では、採用したい企業と就職を希望する高校生の間に、学校が斡旋機関として介在しています。インターネット求人検索システムである厚生労働省職業安定局が提供する「高卒就職ＷＥＢ提供サービス」というものがあり、ネットを経由して企業が「インターネット公開可」とした高卒求人情報を見ることができるのですが、このシステムを活用するには、一つの高校に教員用に一つだけ付与される「利用者ＩＤ」と「パスワード」が必要となります。そのログインに必要となる情報は教員用ですので、生徒には共有されません。

ですので、進路教員や就職指導員が活用するシステムに留まっている、もしくは高校の進路指導室に設置してあるパソコンからのみログインして使用する方法しかないのが実情です。そのため、残念ながら、就職を希望する生徒が時間や場所を選ばずに自由に閲覧できるシステムではありません。このデジタルの時代に超アナログだと思われるかもしれませんが、高卒求人解禁（毎年7月1日）後、企業はハローワークに高卒求人票を届けただけでは、対象とする高校の生徒に自社の**高卒求人票を見てもらうことは現実的には無理**であるため、対象とする**高校へ一斉に高卒求人票を紙で届ける必要がある**というわけです。（一部、民間企業の参入によりデジタル化が進みつつあるものの、未だ多くの高校では紙ベースのアナログな就活が行なわれているのが実態です）

ちなみに、私が高校生の就活実態を知るために高校で就職指導を行なった２０１２年度は、２００８年に起きたリーマンショックの余波を受けて、高卒求人倍率０・68倍。高校新卒求人は中小企業にとってまだまだブルーオーシャンといえる２０２２年度の３・01倍と比較しても、はるかに低い求人倍率でした。

しかし、この状況の中でも、企業から高校に届く高卒求人票を就職希望の生徒約70名分を印刷して配布することは、その作業に割り当てることができる教職員の数は限られており、難しい状況にありました。また、仮に生徒全員分を印刷して配布できたとしても、文字だけのモノクロの情報、かつ進路教員や就職指導員である私たちでさえ見づらいと感じている数百枚にのぼる高卒求人票を生徒に渡したとしても、生徒が応募先を選定することは困難を極めるだろう、という考えに基づいて、私がいた高校で**進路教員や就職指導員が力を合わせて作成していたのが「高卒求人票一覧」というもの**です。この「高卒求人票一覧」はわかりやすくいうと、高校に届いた各企業の高卒求人票から「会社名」や「就業場所」「事業内容」「仕事内容」「給与条件」など、生徒が応募先を決定するにあたり、最低限**必要となる項目をピックアップしてEXCELで作成した一覧表**です。

私の記憶が定かであれば、生徒は1学期の終業式の日に、この求人票一覧を受け取り、わずか約2週間後の8月第1週目の出校日までに応募したい企業トップ3を選出し、応募希望企業調査票のようなものに、第1希望から第3希望までの企業名を記入して、高校に提出していました。いずれにしても、就職希望高校生が初めての**応募企業を選ぶ際に、高卒求人票を見ることができない状況**に置かれていることに非常に驚いたものです。

それだけに、就職指導員としての立場で、生徒一人一人の強みや希望を把握して、少しでも生徒の適正に合致する求人を出している企業の紹介に努めていたことを思い出します。また、一方で、採用活動を行なう中小企業の立場に立った時に、この内情を知った上で高校に対しての採用広報を実施することが、中小企業の高校新卒採用を最短で軌道に乗せるための一つのポイントでもあるということをその時に認識したものです。

③「高卒求人票一覧」のつくりを意識して生徒を惹きつける方法とは？

前項では、実は就職を希望する高校生の大半は、初めての応募に際して、企業から送られてくる高卒求人票を見る状況にない、ということに触れ、「高卒求人票一覧」なる資料を参考にして応募企業の絞り込みを行なっている、という知られざる事実をお伝えしてきました。

ただ、工業系高校などの一部の、特に就職に力を入れている高校では、1年時から高卒求人票を閲覧する機会を多く提供している高校もあります。ですので、100％すべての高校がこれに該当するというわけではありませんので、念のため、補足説明をさせていただきます。しかしながら、それ以外の普通科・総合学科からなる高校や以前は就職者が多かったものの、最近では進学者が多い傾向にある商業科のある高校などでは、細かいところで多少の違いはあるものの、私が就職指導員として在籍していた高校と同様の流れで、就職を希望する生徒たちが初めての応募先を選択しているケースが散見されます。

では、**「高卒求人票一覧」を元に、初めての応募先の選択をしなければならない状況の中、**「会社名」や「就業場所」「事業内容」「仕事内容」「給与条件」などを見て、興味のある企業が見つかった際に**生徒はじめ保護者はどういう行動を取るのか？**　実はここもすごく重要なポイントとなります。**ヒントは、1章⑥でお伝えしたA－SASの法則（図3）**の中にあります。少しページを遡って確認してみてください。そして、再びこのページに戻ってきてください。

おわかりでしょうか？

Search、そうです「検索」です。具体的にいうと、興味があった**企業のホームページを検索**して、はたして**応募するに値する企業なのか？**　を調べにいくわけです。1章⑥では「高卒求人票一覧」なるものの説明はしておりませんが、「高卒求人一覧」を見た場合でもこの**A－SASの法則に従って、意思決定を行なう**ことに違いはありません。

では、ここで重要なことは何か？

それは、**Attention（注目・認知）を、この「高卒求人票一覧」の中でいかに最大化させることができるか？**ということです。

え？　ＥＸＣＥＬで作成した「高卒求人票一覧」の中で？　いったい、どういうこと？

はてなマークがたくさん出てくるかもしれませんが、**答えは至ってシンプル**です。それは、**その「高卒求人票一覧」の中でいかにして、目立つか？**それだけです。そのためには、「高卒求人票一覧」の中で、より生徒からの視認率が高い１枚目に近いページに表示される必要があり、かつ、より広いスペースであなたの会社の情報が掲載される必要があります。

そのためのシンプルな方法は２つ。

（1）高卒求人票が解禁になった後、速やかに対象高校へ自社の高卒求人票を届ける

（2）求人票を可能な限り小分けにすることで、高卒求人票一覧の中での占有率を高める

図6　高卒求人票一覧で視認率を高めるイメージ

（例）10ページ目

社名	事業内容	仕事内容	就業場所	勤務時間	給与	休日	社宅
他社	○△□	○△□	○△□	○△□	○△□	○△□	○△□
他社	○△□	○△□	○△□	○△□	○△□	○△□	○△□
他社	○△□	○△□	○△□	○△□	○△□	○△□	○△□
他社	○△□	○△□	○△□	○△□	○△□	○△□	○△□
他社	○△□	○△□	○△□	○△□	○△□	○△□	○△□
他社	○△□	○△□	○△□	○△□	○△□	○△□	○△□
他社	○△□	○△□	○△□	○△□	○△□	○△□	○△□
他社	○△□	○△□	○△□	○△□	○△□	○△□	○△□
他社	○△□	○△□	○△□	○△□	○△□	○△□	○△□
他社	○△□	○△□	○△□	○△□	○△□	○△□	○△□
株式会社A	○△□	○△□	○△□	○△□	○△□	○△□	○△□

↓ 改善後

仕事内容や就業場所を細分化して求人票を小分けすることで
高卒求人票一覧における貴社の情報占有率が高くなる。
結果、視認率が上がることで、応募希望企業に選ばれやすくなる！

（例）1ページ目

社名	事業内容	仕事内容	就業場所	勤務時間	給与	休日	社宅
株式会社A	○△□	○△□	○△□	○△□	○△□	○△□	○△□
株式会社A	○△□	○△□	○△□	○△□	○△□	○△□	○△□
株式会社A	○△□	○△□	○△□	○△□	○△□	○△□	○△□
株式会社A	○△□	○△□	○△□	○△□	○△□	○△□	○△□
他社	○△□	○△□	○△□	○△□	○△□	○△□	○△□
他社	○△□	○△□	○△□	○△□	○△□	○△□	○△□
他社	○△□	○△□	○△□	○△□	○△□	○△□	○△□
他社	○△□	○△□	○△□	○△□	○△□	○△□	○△□
他社	○△□	○△□	○△□	○△□	○△□	○△□	○△□
他社	○△□	○△□	○△□	○△□	○△□	○△□	○△□
他社	○△□	○△□	○△□	○△□	○△□	○△□	○△□

7月1日の高卒求人解禁後、ハローワークより受理された高卒求人票を受け取り、速やかに対象高校に届けることで、高卒求人票一覧のトップページに、複数掲載されればさらに生徒の視認率が高くなり、応募希望企業に選ばれる可能性が高まる！

とてもシンプルな方法ではありますが、非常に重要なポイントです。具体的には前ページの図6のようなイメージです。この改善を行なった上で、Interest（興味・関心）→Search（検索）に加えて、自社ホームページを生徒や保護者・教員がいつ見に来てもよい状態にしておくことも合わせて大切になってくるというわけです。

④高校生の「採用選考」スケジュール

「ところで、高校生の採用スケジュールってどうなっているんですか？」

高校新卒採用に初めて取り組もうとする方から、これもよくある質問です。この質問を受けると私は、

（1）「採用選考スケジュール」

（2）高校新卒採用を効率的に軌道に乗せるための「採用広報スケジュール」

この2つをお伝えすることにしています。①が、高校新卒採用を行なうすべての企業が理

解している表スケジュールであるならば、②は効率的に軌道に乗せるための「採用広報」に関わる裏スケジュールとして捉えてください。では、①の「採用選考スケジュール」とは何か？

これは、全国高等学校長協会、主要経済団体、文部科学省及び厚生労働省において高等学校就職問題検討会議を開催し、高校を卒業する生徒等の採用選考期日等について、厚生労働省が取りまとめているもので、正式には「新規高等学校卒業者の採用選考期日等」というものです…。何だか読み上げるだけで、噛んじゃいそうですが、大きなポイントは図7（59ページ）にも表記している4つの日程です。

○6月1日　…【企業→ハローワーク】ハローワークへの求人申込書受付開始日
○7月1日　…【ハローワーク→企業】ハローワーク確認済み求人票の返戻開始日
【企業→高校】高校への求人票持参・送付開始日
○9月5日　…【高校→企業】企業への応募者の推薦開始日（沖縄県は8月30日）
○9月16日　…【企業→生徒】企業による選考開始及び採用内定開始日

と、このようになっているのですが、当然この**採用に関わる選考スケジュールを理解するだけでは、高校新卒採用を効率的に軌道に乗せることはできません**。たとえば、7月1日が「高校への求人票持参・送付開始日」となっていますが、対象高校に向けてその年度の初めてのアプローチを7月1日以降に行なっても、この時すでに高校では、前項でお伝えした「高卒求人票一覧」なるものの作成準備に取りかかっているため、「高校新卒採用を効率的に軌道に乗せる」という観点からいえば**「時すでに遅し」というのが現実**です。

え？　どういうこと？　「では、厚生労働省が取りまとめている採用選考スケジュールを破って、7月1日以前に、高校に求人申し込みをしなさいってことですか？」そんな声が聞こえてきそうですが、決してそういうことではありません。

ここでいう「7月1日」とは、あくまでも「その年度にハローワークに受理された高卒求人票を使って、対象高校に求人申し込みができる解禁日」という位置付けです。わかりやすくいうと、「本日からこの高卒求人票に沿って、求人募集を開始しますので、興味関心のある生徒さんがいらっしゃったら、ぜひ、推薦してください！」と、企業が高校に依頼できるようになる日ということです。ですので、柔軟な考え方をすれば、**「7月1日以前であっても、**

図7　高校生の採用スケジュール

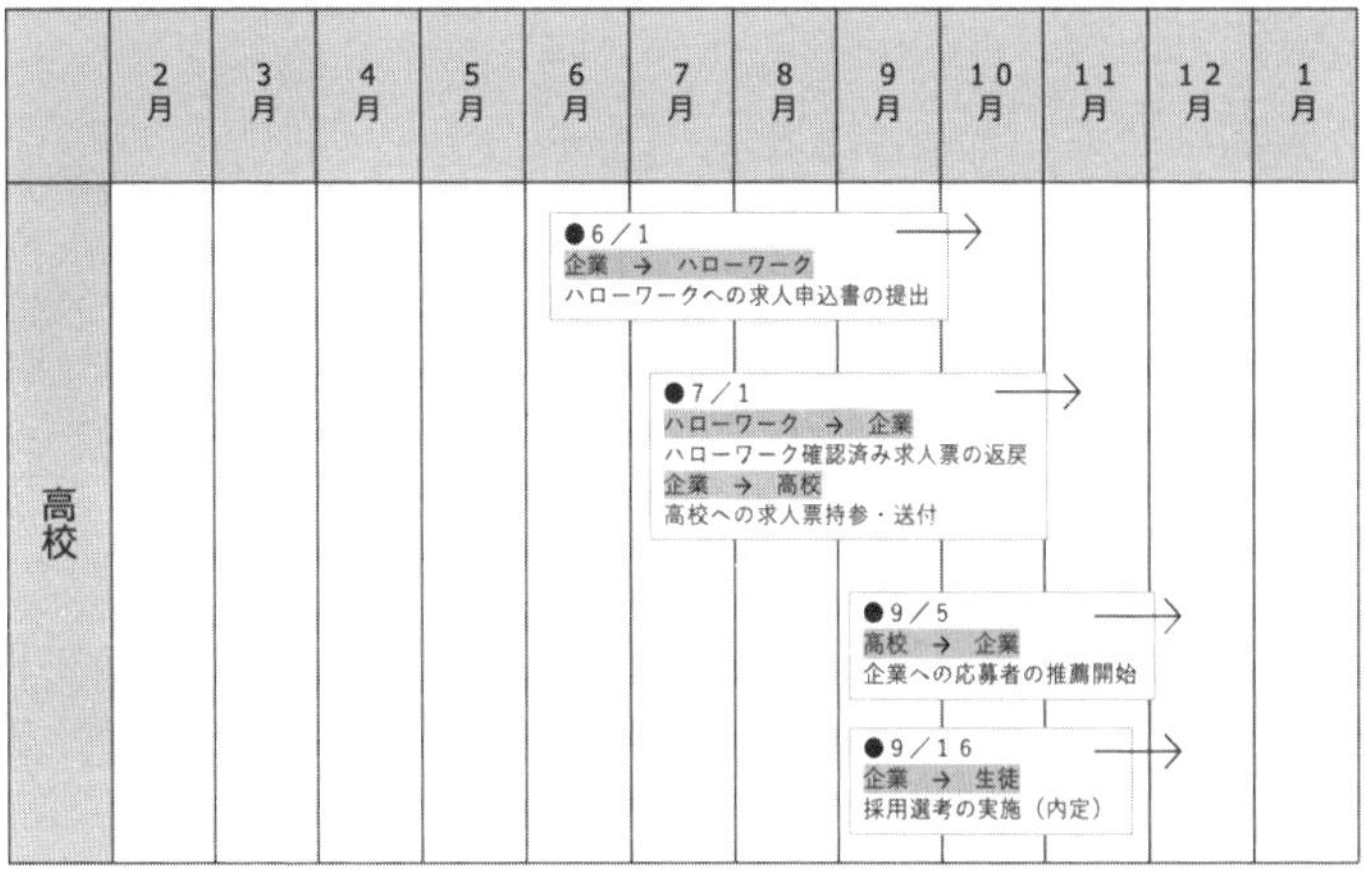

	2月	3月	4月	5月	6月	7月	8月	9月	10月	11月	12月	1月
高校					●6／1 企業 → ハローワーク ハローワークへの求人申込書の提出 →	●7／1 ハローワーク → 企業 ハローワーク確認済み求人票の返戻 企業 → 高校 高校への求人票持参・送付 →		●9／5 高校 → 企業 企業への応募者の推薦開始 → ●9／16 企業 → 生徒 採用選考の実施（内定） →				

求人申し込み以外の方法で、対象高校へ会社や仕事の魅力を伝えることは問題ない」ということなのです。

では、「求人申し込み以外の方法で対象高校へ魅力を伝える方法」とはどのようなものか？

一言で言うと…**「採用広報ツールを活用したアプローチ」**です。たとえば、すぐに思い浮かぶところで、会社案内パンフレットなども代表的な採用広報ツールですが、高校新卒採用においては、就活を希望する高校生の9割以上が活用する「学校斡旋」の仕組みを意識して、**「教員」「生徒」「保護者」の目線に立って、より効果的な採用広報ツールを用意**し、活用していくことが重要となります。

この採用広報ツールの具体的な種類や作り方

に関しては、３章以降でお伝えするとして、ここでは、まず、高校生の採用スケジュールである、「採用選考スケジュール」をお伝えしました。次項では、私が高校の就職指導員として、年間70名の生徒への就職指導を行なってきた中で把握してきた、②高校新卒採用を効率的に軌道に乗せるための「採用広報スケジュール」に迫っていきたいと思います。

⑤高校新卒採用を効率的に軌道に乗せるための「採用広報スケジュール」とは？

それでは、続いて②高校新卒採用を効率的に軌道に乗せるための「採用広報スケジュール」について触れていきたいと思います。

前項では、厚生労働省から公表されている「採用選考スケジュール」についてご説明をしました。ここでは、私が高校新卒の採用広報支援事業を立ち上げる以前に、〝高校生の進路選択フローの実態調査〟という位置付けで高校に就職指導員として入職、高校生の進路決定に携わってきた経験と、のべ1，５００を超える高校への訪問をはじめ、進路指導関係者との意見交換を行なってきた結果に基づく、高校新卒採用を効率的に軌道に乗せるための「採用広報スケジュール」の話をしていきたいと思います。

…と、その前に、

まず、私が弊社のクライアント企業にお伝えしている、**高校新卒採用における「採用広報」の大切なポイント**があります。それは…「高校生が**進路選択を考える節目を想定して**、いかに早いタイミングから、そして**何回、自社の魅力をＰＲすることができるか？**」これにつきるということです。

ここでいう「高校生が進路選択を考える節目」とは何か？

それは「進学か？　就職か？」を真剣に生徒が、考えるためのきっかけづくりを目的とした**「進路ガイダンス」**や**保護者が集う「保護者会」**、そして、担任・生徒に保護者を加えて進路の方向性を探っていく**「三者面談」など**です。

高校により、開催回数や開催時期、また名称は異なりますが、なかには2年生時に企業や大学・短大・専門学校などの担当者を集めて合同説明会型の進路ガイダンスを行なう高校もあります。このタイミングで「就職」を選択した生徒の中には、**2年生時からすでに応募先**

のリサーチを始める生徒も出てきます。

私が就職指導を行なっていた高校でも、早い生徒だと、**2年生の3学期には就職指導室に訪れ**て、その年度に高校に届いている**企業の高卒求人票や会社情報などを閲覧**し、積極的に進路教員や就職指導員に質問する生徒が実際にいました。早い時期から熱心にリサーチを行なう生徒を目の当たりにすると、進路教員や就職指導員は、これまた、熱心に相談に乗ってあげるものです。生徒の希望や適性を把握し、日頃から「あの生徒に紹介できる求人はないものか？」とアンテナを立てるようになるのです。

さて、前置きが長くなりましたが、高校新卒採用を効率的に軌道に乗せるための「採用広報」に着手すべき時期が、なんとなく見えてきませんでしたか？

そうです。2年生の**積極的な生徒が動き出すタイミング、2年生の3学期からの採用広報が必要**となります。それでは、弊社の支援企業でも実施している高校新卒採用を効率的に軌道に乗せるための「採用広報スケジュール」の概要を図8にまとめましたのでご覧ください。

図8　効率的に軌道に乗せるための「採用広報スケジュール」

	2月	3月	4月	5月	6月	7月	8月	9月	10月	11月	12月	1月
高校	PR①		PR②		●6／1 企業 → ハローワーク ハローワークへの求人申込書の提出 →	PR③ ●7／1 ハローワーク → 企業 ハローワーク確認済み求人票の返戻 企業 → 高校 高校への求人票持参・送付 →		●9／5 高校 → 企業 企業への応募者の推薦開始 → ●9／16 企業 → 生徒 採用選考の実施（内定） →				

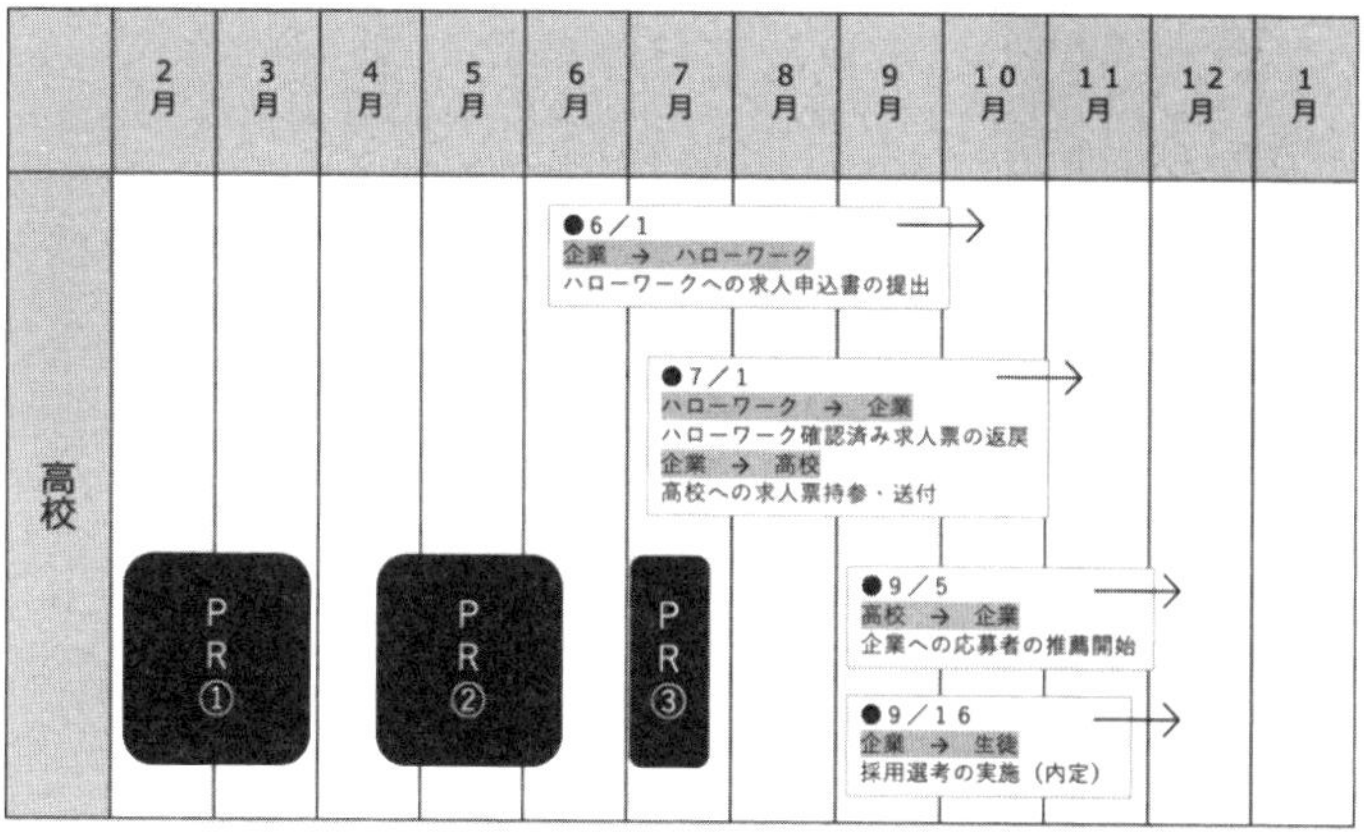

図8をご覧いただくと、高校新卒採用を効率的に軌道に乗せるための「採用広報スケジュール」は、前項でお伝えした「採用選考スケジュール」よりもずいぶん早い時期から着手する必要があることがおわかりいただけるかと思います。

7月1日に高卒求人が解禁となり、本章②・③で紹介した求人票一覧が高校で作成されます。

その求人票一覧が就職希望の高校3年生の手に渡るのが1学期の終業式、すなわち7月下旬と考えると、**初めての高校への採用広報（PR①）は約半年前の2月頃から**実施します。

そして、年度が変わってゴールデンウィーク前後に高卒求人解禁前のPR②を実施、7月1日の解禁後には、すぐにその年の高卒求人票の紹介をメインにPR③を実施する。

これが、高校新卒採用を効率的に軌道に乗せるための「採用広報スケジュール」の概要となります。

⑥求人解禁の半年前からの採用広報（PR）が有効な理由

「あの〜、採用広報（以降、PR）に着手すべき時期、全体のスケジュール感はざっくりわかってきたのですが、そもそも、なぜそのタイミングで行なうことに価値があるのでしょうか？　もう少し噛み砕いて教えてほしいのですが…」

そろそろ、あなたのこんな声が聞こえてきそうです。

ここでは、**PR①〜③をそれぞれの時期に実施する理由**について触れていきます。またPRの具体的な内容に関しては、次の3章以降でお伝えします。それでは、進みましょう。

◉ＰＲ①（実施するタイミング／2年生・2月〜3月）

このＰＲ①に関しては、前項でも触れましたが、すでにこの時期に卒業後の進路として「就職」を選択し、かつ積極的に**求人情報を調べ始める2年生（Ｐ1層）が一定割合いる**ためです。

そして、そういう「頑張っている生徒」がいれば、進路教員や就職指導員としてはやはり放ってはおけません。希望や適性を把握して、その生徒にいち早く合致する情報を届けてあげたい、そう考えるのが自然な流れです。そして**この時期は、3年生の就職指導もひと段落**しています。ですので、この時期のＰＲは、進路教員や就職指導員にスムーズな浸透が期待できるとともに、アンテナの高い積極的な2年生へリーチする可能性があるというわけです。

さらに、**このＰＲ①で「7月の求人解禁後に高卒求人票を届ける予告」**をしておけば、興味のある生徒は最長、**約半年間、その企業を思い描き応募**に至ります。すると、どうでしょう？　本章③でご紹介した1学期の終業式で、高卒求人票の重要ポイントのみが記載されている「高卒求人票一覧」を見て応募してくる生徒と比較すると、少なからず企業や仕事内容への理解は深まっているはずです。

その結果、企業の立場からすると、**より自社にマッチする生徒からの応募が期待**できる、というわけです。そして、さらに付け加えると、こんな効果も期待できます。

同級生へのシェアです。

言わずもがな、今や高校生の9割以上がスマホを所持する時代です。自然、「とっておきの企業」に出会えば、アンテナの高い生徒ほど、ライバルが増えるという気持ちを飛び越えて、**SNSなどを使って友達にシェアする可能性**もあります。

実際に、私が支援する企業では、**ひとつの高校から、複数の生徒が応募**してくる、といったケースが散見されています。このことからも、アンテナの高い生徒が早期に興味関心のある企業に出会った際、**生徒間のシェアが起こっている**ことが十分に考えられる、というわけです。

◉PR②（実施するタイミング／3年生・4月〜6月）

PR②は、年度が変わって、「進学か？　就職か？」多くの新3年生の**進路の方向性が定まってくるゴールデンウィーク前後**に行ないます。この時期に実施する理由は、大きく2つあります。一つ目は、新年度に入り、**進路教員や就職指導員が交代している可能性**があります。ですので、該当する高校の**新しい担当者に認知**してもらう必要があります。2つ目は、昨年度から担当者が代わっていない高校であったとしても、7月に高卒求人票をお届けすることの再告知を兼ねて実施します。さらにこの時期には、PR①を実施した時よりも、7月の求人解禁を前に**「情報をキャッチしておきたい」という生徒（P2層）が増えてくる**ため、進路教員・就職指導員への再浸透を図るとともに、このP2層へのリーチも期待できるというわけです。

◉PR③（実施するタイミング／3年生・7月1日）

そして、いよいよ7月1日の高卒求人解禁に合わせて、今年度の高卒求人票を高校に届けます。このPR③では**一にも二にも、とにかく速やかに**ハローワークに受理・返戻された自社の**高卒求人票をPR対象高校に届ける**ことで、この後、高校で作成される**高卒求人票一覧に上位表示されることが重要**となります。

高卒求人票一覧が夏休み前に進路教員・就職指導員の手で作成され、就職を希望するすべての生徒の手に渡ると、これまで動きのなかった生徒（P3層）が応募企業の選定に入ります。この重要なタイミングで、最速で高校に求人票を届けることを失念し、仮に夏休みに入った頃に求人票を届けてしまえば、高卒求人票一覧に記載されることもなく、これまでのＰＲはすべて水の泡になってしまいます。ＰＲ③を、私たちは「本番」と呼んでいるのですが、これまでのＰＲの効果を出すために**〝絶対に外せない重要なＰＲポイント〟**となります。

⑦ズバリ、進路教員・就職指導員の本音とは？

「高卒求人解禁の約半年前から３回にわたってＰＲを行なった方がよい、ということは理解できたのですが、高校新卒採用の業務以外にもたくさん仕事を抱えているので、そんなに学校訪問するなんて、とてもじゃないけど無理です…」

これも、これから本格的に高校新卒採用に取り組もうとする中小企業の方からよく耳にする言葉です。しかし、安心してください。

「ＰＲ活動＝学校訪問」ではありません。

具体的にいうと、私は、**郵送でのＰＲ活動を推奨**しています。ですので、学校訪問に比べると時間も移動交通費も（遠方の高校を対象にする場合は、なんと出張宿泊費も）かかりません。私がおすすめする方法は、いくつもの業務を兼務する、超忙しい中小企業の採用担当の方でも、**十分に実行に移すことができる「省エネＰＲ」**です。しかし、こう説明したとしても、たまにこういう不安の声が上がってきます。

「高校に訪問しないで会社のＰＲなんかして、失礼になりませんかね？」

これに対して、私は即答しています。「なりません」と。

こう自信を持って言えるのには理由があります。これこそ、私が高校生の進路選択フローを知るために、高校に就職指導員として入職した時の実体験に基づいた話になります。単刀直入にいうと、高校の進路教員や、就職指導員は生徒に求人情報を紹介するにあたって、その企業による**高校訪問の有無は気にしていません**。ですので、失礼にも当たりません。そりゃあ、もちろん、人間ですので、学校に挨拶にきてくれた企業に親しみを覚えることがあるのは事実です。ですが、学校に訪問してくれたからといって、それだけで、安易にその企業を生徒に紹介する進路教員や就職指導員はいません。

企業力（どんな会社なのか？）や労働条件（仕事内容、待遇、教育環境など）を掛け合わせた、その企業の高校新卒における「採用力」が一定以上で、生徒の適性や希望と近くなければ、その企業を生徒に紹介することはありません。この「採用力」に関しては、7章で解説するとして、さらに、企業が高校訪問を行なわずとも、問題ない理由をもうひとつお伝えします。

実は…**「頻繁に学校訪問されると困る」**という現実もあるのです。

もちろん、100%これに該当するとは言い切れませんが、少なからず、私が高校で就職指導を行なっていた経験からすると、生徒への就職指導が落ち着いた閑散期ならまだしも、特に求人解禁後をはじめ、その他、忙しい時期に多くの企業が高校に訪問されると、対応する側も、本来の業務を進めることができません。

高校の進路教員や就職指導員も、複数の業務を抱えていますので、高校新卒採用に取り組む超忙しい中小企業の採用担当者同様に、「超忙しい」というわけです。

当然、高校に挨拶に来ていただき求人をいただけるということは、高校・生徒にとってはありがたいことではあります。しかし、よく考えてみてください。高校新卒採用マーケットは大卒採用と比較すると、まだまだブルーオーシャンであるものの、多い場合、**1000を超える求人票が届く高校も**あります。

単純に考えて、**すべての企業が高校に訪れると**どうなるでしょうか？

そうです、来客の嵐で、進路教員や就職指導員はじめ、その他教員総出で対応しないといけなくなり、本来の**学校運営に支障が出る**、というわけです。ですので、安心してください。ここまで説明してきたPR活動とは、「学校訪問」のことではありません。

ただ、状況に応じては学校訪問が必要となるケースはもちろんありますが、あくまでも**メインは「郵送でのPR活動」**です。最終章である8章で具体的な企業事例をご紹介しますが、この方法で、実際に弊社で支援を行なう複数の企業が、業種・職種・企業規模に限らず効率的に高校新卒採用を軌道に乗せています。また、少し遡って、1章②で紹介した、入社からわずか半年で、気配り、目配り、心配りができる立派な社会人へと成長を遂げた私の就職指導員時代の教え子であるOさんが入社した高級菓子メーカーも、学校訪問は行なわず、郵送PRメインで採用広報を行なっている企業でした。本社は遠く離れた他県の企業でしたが、高校に届いた郵送物を開封するとその会社の魅力が伝わり、それこそ2年生の早い段階から求人情報をリサーチしていたP1層のOさんの希望や適性に合わせ、「この会社こそ、Oさんに勧めよう！」と彼女に紹介したことを昨日のことのように覚えています。

3章

学校訪問よりもＰＲ物の作り込みが大事！その理由とは？

①就活に積極的な生徒が見る「企業専用ファイル」とは？

「郵送でのＰＲが有効ということは、理解できたのですが…具体的に、どのようなモノを届ければいいのか？　教えてほしいのですが…」

ですよね…お待たせしました。この3章では、高校に郵送する具体的な採用広報ツール（以下、ＰＲ物）をご紹介していきます。

と、その前に、ここまでの内容を少し振り返らせてください。

1章では、高校新卒採用がいかにブルーオーシャンであるか、とともに、中小企業こそ高校新卒採用に取り組むべきメリットをお伝えしました。そして、続く2章では、私が実際の高校における就職指導員として目の当たりにしてきた、世間にはあまり知られていない「高校生の就活実態（進路選択フロー）」をお伝えするとともに、高校新卒採用における〝裏スケジュール〟とでもいうべき、高校新卒採用を効率的に軌道に乗せるための「採用広報スケジュール」について触れてきました。そしてさらに、その採用広報スケジュールに基づいた高校への「郵送ＰＲ活動」が有効であることをお伝えしました。

続く、この3章では、企業が郵送したＰＲ物が高校に到着し、どのように生徒の目に触れていくのか？　また、具体的なＰＲ物の中身の紹介とＰＲ物がどのような効果を発揮していくのか？　について触れていきたいと思います。

では、まず企業が郵送したＰＲ物が高校に到着し、どのように生徒の目に触れていくのか？

企業から高校の進路指導室に**郵送したＰＲ物は、まず進路教員や就職指導員が99％開封**して中身を確認します。中身が確認された後、多くの場合、保管されるのですが、**この時、どのように保管されるのか？　が意外と重要**になってきます。これは、私が高校の就職指導員の時に実際に行なっていた整理・保管の方法なのですが、大きく2つです。

(1)「企業専用ファイル」を作り、保管

(2)「その他企業ファイル」を作り、複数の企業からの郵送物をまとめて保管

大きく、この2つの方法で整理・保管していたのですが、高校新卒採用を効率的に軌道に乗せるためには、**①の「企業専用ファイル」を作ってもらい、保管される方が有利**です。

なぜか？

早い時期から積極的に企業情報のリサーチに動き出す生徒**（P1・P2層）が、この「企業ファイル」を見る可能性が高い**からです。具体的には、こんなイメージです。たとえば2年生の3学期に、就活に積極的な生徒Aさんが進路指導室に訪れたとします。

Aさん「2年◯組のAですが、求人情報を閲覧してもいいですか？」
先生「（2年生の）この時期に積極的に進路指導室に来るなんて偉いですね！」
Aさん「先生、企業の求人票って、いつから届くんですか？」
先生「Aさん、実は、企業からの求人票は3年生の7月以降にしか届かないんだよ」

図9　企業ファイルは積極的に情報収集を行なうP1・P2層にリーチする

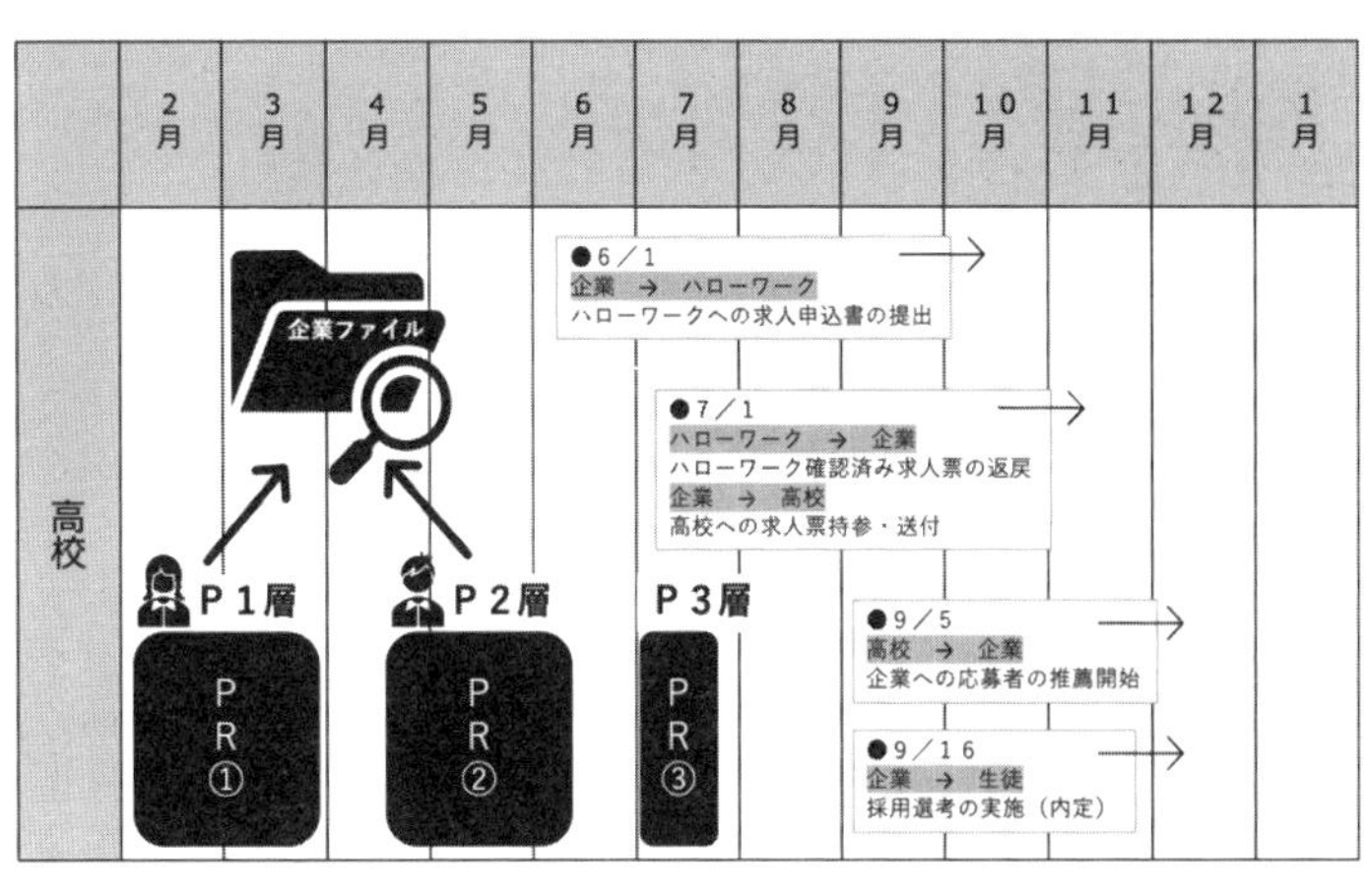

Aさん「そうですか、残念です。そうしたら、7月以降にしか情報は集められないんですね…」

先生「でも、今年度に企業から届いた求人情報などはファイリングしてあるから参考になると思いますよ」

Aさん「そうなんですね！　先生、ぜひ見てみたいです！」

こういう流れです。そして、就活に積極的な生徒（P1・P2層）が「企業専用ファイル」を活用して、いち早くリサーチを始める、というわけです。そして、この「企業専用ファイル」の中に、生徒が「これは！」と思える情報に出会った際に、いち早く当該企業への理解を深め始めるだけでなく、ライバルが増える気持ちを飛び越えて**同級生にシェアすることも期待できる**、というわけです。

②「企業専用ファイル」を作ってもらう方法

「企業専用ファイルを作ってもらって、保管してもらう重要性は理解できたのですが、そもそも、どうすればそのようなものを高校に作ってもらえるものなのでしょうか…？」

答えは、至ってシンプルです。**コンスタントに郵送PR物を高校の進路指導室に送り続ける**、ただこれだけです。

しかし、もちろん、何を送ってもよい、というわけではありません。また、前項で高校の進路指導室に届いた企業からの郵送物は99％開封されるとお伝えしましたが、**開封されないケースもありますので、注意も必要**です。

ん？　開封されないケース？

はい、近年、高校新卒への注目が集まり、高校新卒の採用支援を行なう企業が増えています。その中には、複数の企業の郵送ＰＲ物（主に高卒求人票）を、ひとつの封筒に同封する形状で、高校進路指導室に届ける発送代行サービスが存在するのですが、この形状で郵送した場合、開封されないこともあるので注意が必要です。その理由としては、進路教員や、就職指導員に「発送代行サービスを活用して、複数の企業が抱き合わせで送られてくる郵送ＰＲ物＝重要な情報ではない（見落としてもよい情報）」という認識をされているからのようです。

実際に、私が高校の就職指導員だった時も開封の優先順位は低く、未開封に終わるケースもありました。また、複数の高校に聞き取りを行なった結果、「開封しない」「開封しないこともある」との声も散見されました。あくまでも、このサービスを行なっている企業や内容自体を批判するわけではありませんが、ここでは、実際に未開封で終わるリスクがあるという事実を補足して、お伝えしておきます。

さて、話を戻します。

コンスタントにPR物を高校の進路指導室に送り、「企業専用ファイル」を作ってもらうためには、**どのような情報を郵送PR物に収める必要があるのか？**

それは、モノクロの文字だけの高卒求人票（図10参照）だけでは見えない、教員・生徒・保護者が**思わず見てしまいたくなる情報**のことです。

では、教員・生徒・保護者が、思わず見てしまいたくなる情報とは何か？

シンプルに言うと、**「カラーで顔が見えて親近感と安心感を与える情報」**です。

このキーワードを意識して、郵送PR物を作成し、高校進路指導室にコンスタントに届けた場合、高校進路指導室では**「個別に保管すべき情報」と認識**され、企業専用ファイルなるもの（各学校で呼び方はそれぞれ）が用意される可能性が高くなる、というわけです。

その結果、ローカルエリアに事業所が存在する、また、大手企業や有名企業に比べて認知度が低い中小企業の場合でも、遠方や離島から就職を希望する高校生たちが集まってくる**人気企業になり得る**というわけです。その理由は、もちろん企業専用ファイルが用意されるた

図10　実際の高卒求人票（表面）

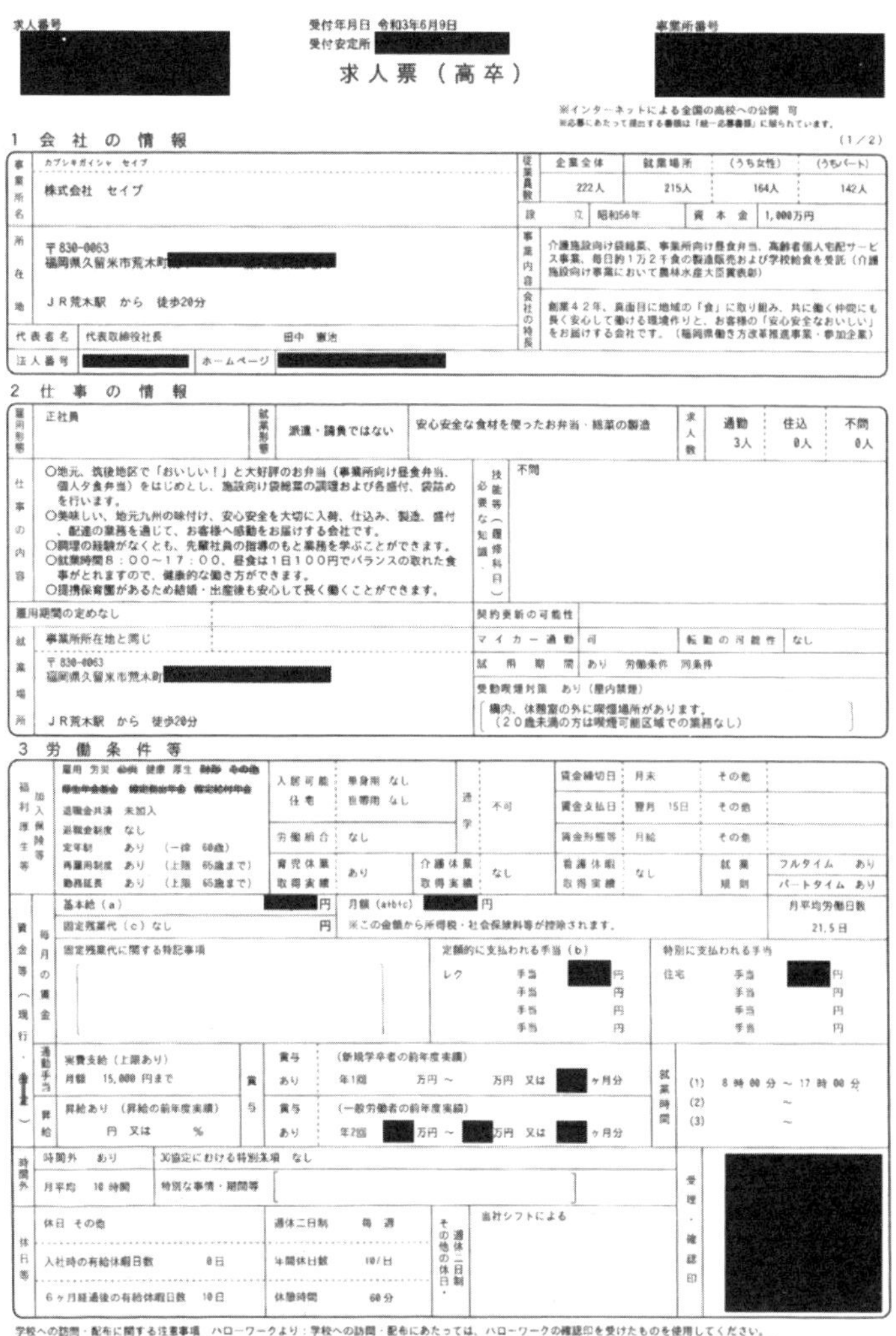

求人番号

受付年月日 令和3年6月9日
受付安定所

事業所番号

求人票（高卒）

※インターネットによる全国の高校への公開 可
※応募にあたって提出する書類は「統一応募書類」に限られています。

1 会社の情報　（1／2）

事業所名：カブシキガイシャ セイブ　株式会社　セイブ

従業員数：企業全体 222人　就業場所 215人　（うち女性）164人　（うちパート）142人

設立 昭和56年　資本金 1,000万円

所在地：〒830-0063　福岡県久留米市荒木町
ＪＲ荒木駅　から　徒歩20分

事業内容：介護施設向け惣菜、事業所向け昼食弁当、高齢者個人宅配サービス事業、毎日約１万２千食の製造販売および学校給食を受託（介護施設向け事業において農林水産大臣賞表彰）

会社の特長：創業４２年、真面目に地域の「食」に取り組み、共に働く仲間にも長く安心して働ける環境作りと、お客様の「安心安全なおいしい」をお届けする会社です。（福岡県働き方改革推進事業・参加企業）

代表者名：代表取締役社長　田中 憲治

法人番号　ホームページ

2 仕事の情報

雇用形態：正社員　就業形態：派遣・請負ではない　安心安全な食材を使ったお弁当・総菜の製造

求人数：通勤 3人　住込 0人　不問 0人

仕事の内容：
○地元、筑後地区で「おいしい！」と大好評のお弁当（事業所向け昼食弁当、個人夕食弁当）をはじめとし、施設向け惣菜の調理および各盛付、袋詰めを行います。
○美味しい、地元九州の味付け、安心安全を大切に入荷、仕込み、製造、盛付、配達の業務を通じて、お客様へ感動をお届けする会社です。
○調理の経験がなくとも、先輩社員の指導のもと業務を学ぶことができます。
○就業時間８：００～１７：００、昼食は１日１００円でバランスの取れた食事がとれますので、健康的な働き方ができます。
○提携保育園があるため結婚・出産後も安心して長く働くことができます。

必要な知識・技能等（履修科目）：不問

雇用期間の定めなし　契約更新の可能性

就業場所：事業所所在地と同じ　〒830-0063　福岡県久留米市荒木町
ＪＲ荒木駅　から　徒歩20分

マイカー通勤 可　転勤の可能性 なし

試用期間 あり　労働条件 同条件

受動喫煙対策 あり（屋内禁煙）
〔構内、休憩室の外に喫煙場所があります。（２０歳未満の方は喫煙可能区域での業務なし）〕

3 労働条件等

福利厚生等　加入保険等：雇用 労災 健康 厚生
退職金共済 未加入
退職金制度 なし
定年制 あり（一律 60歳）
再雇用制度 あり（上限 65歳まで）
勤務延長 あり（上限 65歳まで）

入居可能住宅：単身用 なし　世帯用 なし
労働組合：なし
通学：不可
育児休業取得実績：あり　介護休業取得実績：なし　看護休暇取得実績：なし

賃金締切日：月末　その他
賃金支払日：翌月 15日　その他
賃金形態等：月給　その他
就業規則：フルタイム あり　パートタイム あり

賃金等（現行・　）
毎月の賃金：基本給（a）　円　月額（a+b+c）　円
固定残業代（c）なし　円
※この金額から所得税・社会保険料等が控除されます。
月平均労働日数 21.5日

固定残業代に関する特記事項

定額的に支払われる手当（b）：レク 手当　円／手当　円／手当　円／手当　円

特別に支払われる手当：住宅 手当　円／手当　円／手当　円／手当　円

通勤手当：実費支給（上限あり）　月額 15,000 円まで

昇給：昇給あり（昇給の前年度実績）　円 又は　%

賞与：賞与 あり（新規学卒者の前年度実績）年1回　万円～　万円 又は　ヶ月分
賞与 あり（一般労働者の前年度実績）年2回　万円～　万円 又は　ヶ月分

就業時間：(1) 8 時 00 分 ～ 17 時 00 分　(2) ～　(3) ～

時間外：時間外 あり　月平均 10 時間
36協定における特別条項 なし　特別な事情・期間等〔　〕

休日等：休日 その他
週休二日制 毎週
入社時の有給休暇日数 0日
年間休日数 107日
6ヶ月経過後の有給休暇日数 10日
休憩時間 60分
その他の休日・週休二日制：当社シフトによる

受理・確認印

学校への訪問・配布に関する注意事項　ハローワークより：学校への訪問・配布にあたっては、ハローワークの確認印を受けたものを使用してください。

め、生徒の視認率が高くなるからです。

③大手企業とのハンディキャップを埋める「社長からの手紙」

「あのー、高卒求人票を深掘りした内容を郵送PR物に落とし込むのはわかったのですが、そんなに凝ったものを作る自信はありません。具体的には、どのようなPR物を作ればよいのでしょうか…?」

大丈夫です。これから自社で作れる具体的なPR物の事例の紹介と構成要素を解説していきます。構成要素を理解していただければ、自社のケースに落とし込んで作成することができますので、安心してお読みください。

さて、ここでは、すでに高校新卒採用に取り組んでいる(高卒求人票を出している)前提で、話を進めていきますが、これから高校新卒採用に取り組む(高卒求人票を作成したことがない)場合でも、次の4章で「効果の出る！ 高卒求人票の作り方」を解説しますので、そちらもあわせて参考にしてください。それでは、これから、自社で作れる具体的なPR物を次項に渡って、２種類ご紹介します。
まず、ひとつ目は**「社長からの手紙」**です。

大手企業や有名企業と比較すると、一般的に知名度が低い中小企業の場合、そのハンディキャップを埋めなければ、採用活動はうまく進みません。その方法のひとつとして効力を発揮するのが「社長からの手紙」です。**なぜ、社長が登場する必要があるのか？**　その答えは至ってシンプルです。社長が登場することで、高校新卒採用における**本気度の高さが教員・生徒・保護者に伝わる**からです。たとえば、少し想像してみてください。高校に届いた郵送物を開封し、「社長からの手紙」を見た進路教員・就職指導員はどう感じるでしょう？

それまで、うまく社名浸透が図れていなかったとしても、社長自らの高校新卒採用に対する本気度が伝わる手紙が届けば、多くはこう感じるはずです。

「（あまり聞いたことのない会社だけれど）会社の顔である社長が、ここまで決意しているのなら、**うちの生徒（わが子）を預ける価値がある**かもしれないな…」と。

会社の**トップによる高校新卒採用への本気度の高さは安心感を与えます**。その結果、多少、ローカルエリアに事業所が存在するなど、大企業や有名企業と比較して知名度が低かったとしても、その**ハンディキャップを埋める効果が期待できる**というわけです。

事実、1章⑤で紹介した株式会社セイブも、社長自らがPR物に登場することにより、遠方・離島から優秀な高校生たちが集まってくるようになった中小企業の一社です。図11では、株式会社セイブ・田中憲治社長の許可を得て、同社の「社長からの手紙」を紹介しておりますので、参考にしてみてください。作成のポイントは大きく4つです。

（1）高卒求人票の「1会社の情報」をさらに具体的に文章化する

（2）「歴史」「決意」「実績」の3つのカテゴリー分けを意識して文章にする

（3）直感的にイメージできるように、文章に合わせた画像を挿入する

（4）高校新卒採用を行なうにあたっての自社のウリ（PRポイント）を箇条書きで盛り込む

このようなイメージで進めていただけると、自社でも簡単に作成することができます。ま

図11　社長からの手紙

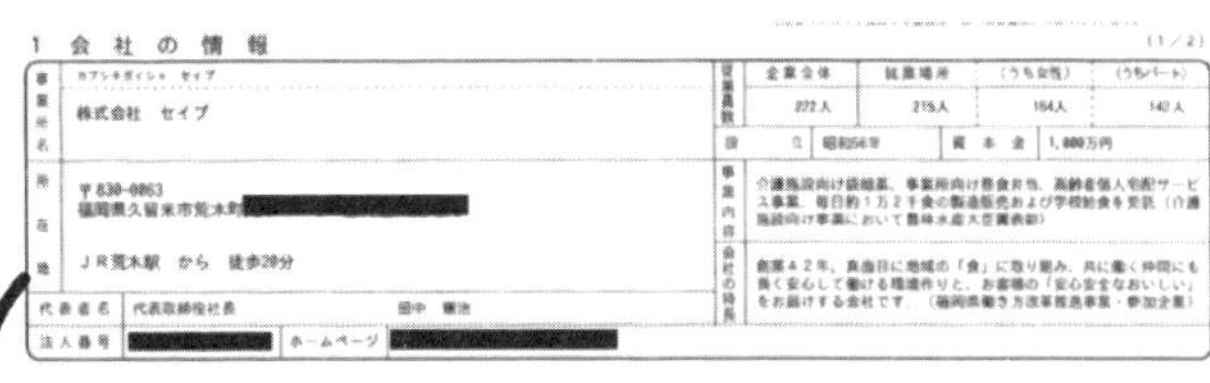

1　会　社　の　情　報　　　　(1／2)

事業所名	カブシキガイシャ　セイブ 株式会社　セイブ	従業員数	企業全体	就業場所	(うち女性)	(うちパート)
			222人	215人	164人	142人
		設立	昭和56年	資本金	1,000万円	
所在地	〒830-0063 福岡県久留米市荒木町■■■ ＪＲ荒木駅　から　徒歩20分	事業内容	介護施設向け給食業、事業所向け弁当弁当、高齢者個人宅配サービス事業。毎日約１万２千食の製造販売および学校給食を受託（介護施設向け事業において農林水産大臣賞表彰）			
代表者名	代表取締役社長　　田中　憲治	会社の特長	創業４２年、真面目に地域の「食」に取り組み、共に働く仲間にも長く安心して働ける職場作りと、お客様の「安心安全なおいしい」をお届けする会社です。（福岡県働き方改革推進事業・参加企業）			
法人番号	■■■　ホームページ　■■■					

就職指導の先生へ

歴史

はじめまして、福岡県久留米市の株式会社セイブ 代表取締役田中憲治と申します。わが社は**昭和56年に創業**、現在42期目を迎える会社です。創業当初はJR荒木駅前（久留米市）に店を構える**一軒の仕出し弁当屋からスタート**しました。

「地域の伝統や食文化を継承した味づくり」が地元で好評を得て**創業35年**にあたる平成27年には、久留米藤光産業団地に**本社新工場を設ける**までに成長することができました。

昭和56年にJR荒木駅前で一軒の仕出し屋からスタートしました。

創業35年（平成27年）に完成した本写真工場

決意

しかし、まだまだ、これからです。

創業当初から考えると、これだけでも大きな成長で、気が抜けそうですが、**本当に重要なのはこれから**だと決意しております。なぜなら、42年間かけて、築いてきた**伝統と技術などを次世代に継承していく必要**があるからです。

新工場完成後、働き方改革にも積極的に取り組んでまいりました。

実績

本社新工場設立後は、**働き方改革**にも積極的に取り組み、福岡県が発行している2018年度版『働き方改革のためのガイドブック』への掲載や**テレビ番組にも取材**されるなど、人材を大切にする企業として、注目を集めています。そんな弊社ですが、本年、高卒採用に力を注いでおります。簡単にＰＲポイントを紹介させていただきます。

働き方改革への取り組みがTV番組でも取り上げられました。

ＰＲポイント

- **選考・赴任旅費支給**（遠方からでも安心）
- **住宅手当 月2万円支給** ※条件有（一人暮らしでも貯金できる）
- **昼食代￥１００**（バランスの良い食生活が送れる）
- **就業時間は８時～１７時**（プライベート充実）
- **高校新卒の先輩社員も活躍中**（しっかりサポート）

安心安全な食材で作った自慢のお弁当を一食１００円で提供していますので、貯金もきちんとできる環境だと思います。

写真を入れてイメージしやすくする

おかげさまで、昨年、鹿児島と熊本から就職してくれた2名の高校新卒者も元気に頑張っています。その二人のインタビューを含めた動画を同封資料でご案内しておりますので、よろしければ、こちらも、ご覧いただけますと幸いでございます。

今後も安心して生徒様を送り出していただける会社を目指してまいります。
ぜひ、弊社の求人票を調理に興味のある生徒様にご紹介いただけますと幸いでございます。

株式会社セイブ
代表取締役社長　田中憲治

た、もし右の4つのポイントを参考にしてもうまく作成ができない場合は、図11の実際の「社長からの手紙」を参考にして作成するとよいでしょう。

④職場のリアルが伝わる「社員インタビュー」

それでは、前項に続き自社でも作れる具体的なPR物の2つ目、「社員インタビュー」の紹介と作り方をお伝えしていきます。ここでも、株式会社セイブの事例を参考に進めていきます。

ではまず、図12の事例をご覧ください。前項で紹介した「社長からの手紙」同様にA4サイズ・1枚もので、パワーポイントを使って作成できるPR物です。なお、作成する前段階として**重要となるのが、掲載する社員の選定**です。

社員の選定？

そうです。高校生の目線に立って、できるだけ、**近い年齢の高校新卒社員にスポットを当**

図12　社員インタビュー

社員インタビュー

令和２年入社　高校出身　（お弁当・惣菜の製造）

地元・筑後地区で「おいしい！」と評判。安心・安全な食材を使った手づくりのお弁当・お惣菜を作っています。

「おかあさ～ん、じょうずに、できたよ～！！」

幼い頃、初めてうまくできた玉子焼きの形・味はいまだに忘れられません。私は、小さい頃から料理を作るのが本当に、大好きで、いつもお母さんにくっついて、いろんなおかずの作り方を教えてもらって育ちました。

気づけば、将来は、調理に関わる仕事に就きたいと考えるようになって、高校は調理科のある学校を選び、卒業後、ご縁あって株式会社セイブに入社しました。

福岡県久留米市にある本社工場に勤務し、地元を中心とした安心・安全な食材にこだわった新鮮で、おいしいと評判のお弁当・給食をつくっています。

入社して、1ヶ月は大変でした。でも・・・。

初めての立ち仕事。そして慣れない社会人としての生活に、入社当初は体力的にも精神的にも疲れて、正直、心が折れそうでした。でも、今では、笑って振り返ることができるのは、右も左も分からなかった新入社員の私に対して、先輩・上司の方々が本当に暖かく接してくださったからです。

セイブのここがいい！

- 住宅手当月額２万円支給！
- おいしいお弁当が１００円で食べられる！
- 働きながら資格取得にチャレンジできる！
- 提携保育園あり！結婚後も長く働ける！
- 17：00勤務終了、プライベートも充実！

高校生のみなさんへ

セイブの職場見学では自慢のお弁当を食べることができます。

百聞は一見にしかず！ぜひ、応募前職場見学で会いましょう♪

動画で仕事風景＆インタビューをみる

スマホカメラでQRコードを読み込んで頂くと、私たちの仕事がどんな仕事か、動画でご覧頂けます！

てるのがポイントになります。具体的な年齢としては、**できれば22歳まで**、どうしても該当者がいなければ、**25歳位を上限として選定**してください。その理由としては、17歳前後の高校生にとってイメージできる未来は、せいぜい大学を卒業する22歳位だと私は考えているからです。

また、もし高校新卒社員が在籍していなくても、私のこれまでの経験では、目安25歳位までの若手社員の方であれば、社員インタビューに登場すべきだと考えています。

では、「社員インタビュー」の構成要素を見ていきましょう。図13をご覧ください。

上半分の**①理解促進ゾーンでは、５Ｗ１Ｈの要素**を入れることで、限られた情報でも、よりわかりやすく伝わるように工夫しています。また、**②共感ゾーンでは、仕事の厳しさ**（現実）を伝え、「たいへんだったけれど、◯◯だから今がある」といったようにＹＥＳ，ＢＵＴで乗り越えた経験を伝えます。そして、**③ＰＲポイントでは、「ターゲットとなる高校生に響くポイント」を３つ～５つ**書き込みます。そして最後に、**④メッセージでは、このレターを見た高校生へ語りかけ**、行動を呼びかけます。

図13　社員インタビューの構成要素

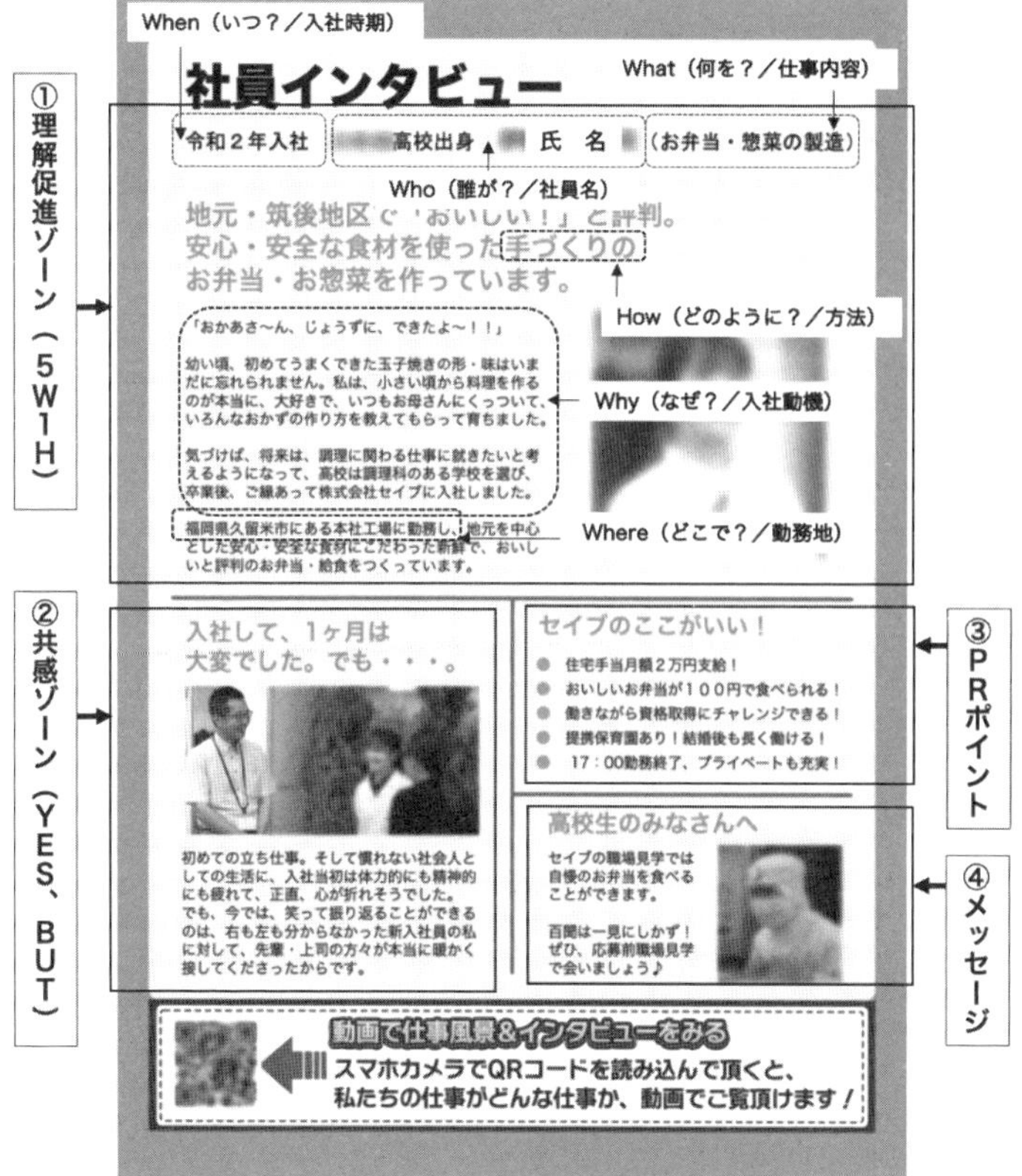

以上、大きく4つの構成要素を理解し、このフレームに落とし込むような形で作成を進めていけば、何も情報がない場合に比べて、比較的簡単に「「社員インタビュー」の作成が進みますので、ぜひ、挑戦してみてください。

⑤いつ何を郵送すればよいのか？

「コンスタントに郵送PR物を高校の進路指導室に送る重要性と、送るべき情報（社長からの手紙・社員インタビュー）もわかったのですが、いつ何を送ればよいのでしょうか？」

そろそろ、そんな質問が聞こえてきそうですので、お答えします。

これには特別な決め事はありませんが、まだ高校新卒採用が軌道に乗っていない企業の場合には、「社長からの手紙」はP1層が動き出す2年生の2・3月頃（PR①）、「社員インタビュー」は、P2層が動き出すゴールデンウィーク前後（PR②）に送る。そして、7月の高卒求人票解禁後すぐ（PR③）に、改めて「社長からの手紙」「社員インタビュー」を高卒求人票と合わせ郵送することをお勧めします。（図14）

イメージとしては、2章③で紹介した「高卒求人票一覧」が就職を希望する高校3年生の

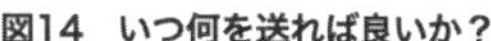
図14　いつ何を送れば良いか？

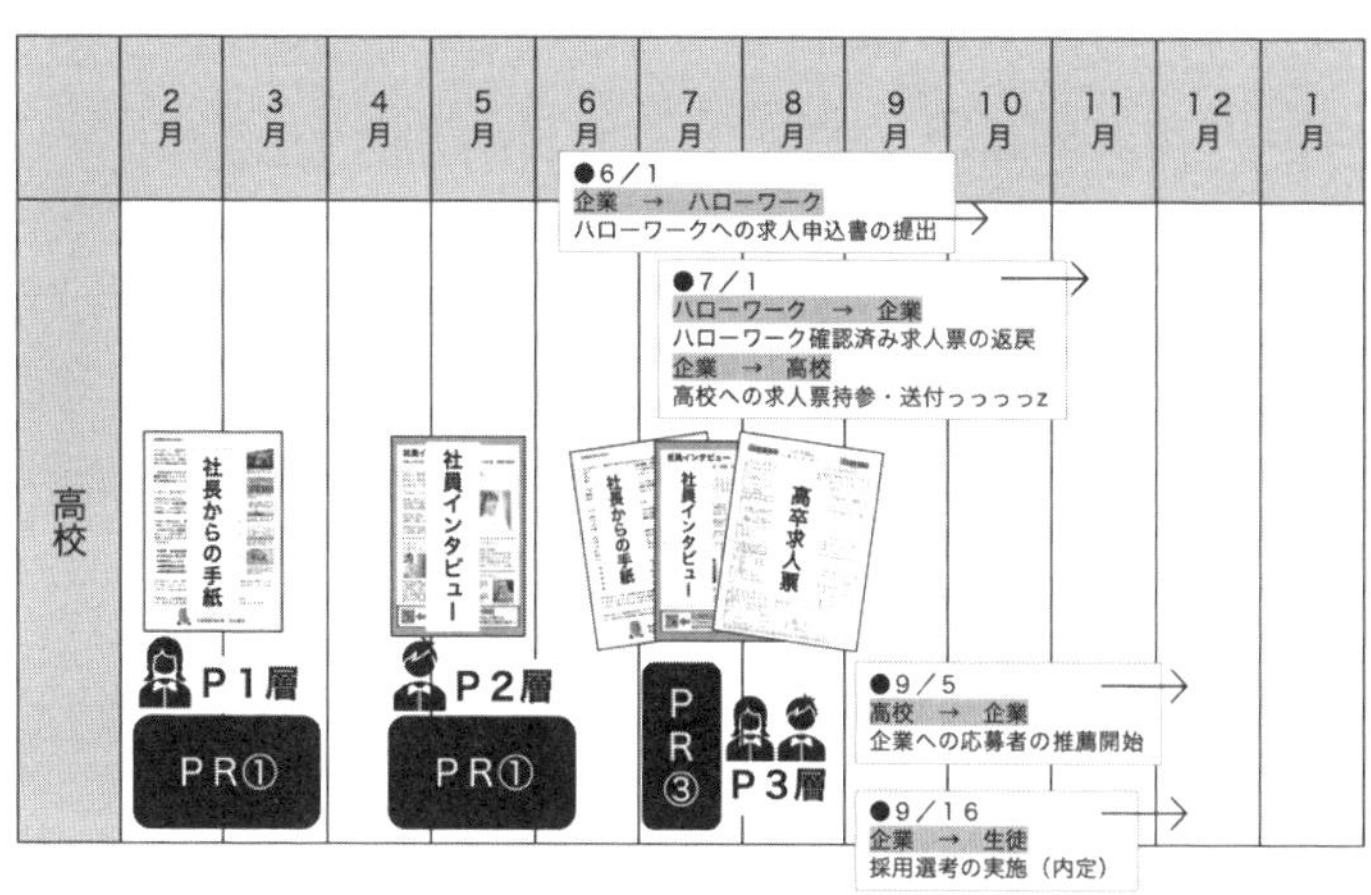

手に渡る7月下旬から遡ること**約半年前の2年生2月頃に、「社長の手紙」**を高校進路指導室に届けることで、次年度における高校新卒採用を真剣に取り組んでいく姿勢（決意表明）を示します。

このことで、進路指導教員や就職指導員にまず、社名の認知・浸透を図ります。うまくいけば、高校生就活におけるキーマン「教員」「生徒」「保護者」が揃う3者面談の場で、教員から生徒、保護者に紹介される、そんなことにもなるかもしれません。

そして、新年度に入り、いよいよ就活間近となるゴールデンウィーク前後に「社員インタビュー」を送るわけですが、新年度に入って進路教員や就職指導員の担当替えがなければ、社名の認知は継続されています。もし、新しい担当者に替わっていたとしても、会社を代表する「社長からの手紙」は前任担当者が保管しているはず（うまくいけば、この時点で企業専用ファイルに保管されている）です。

ですので、**ゴールデンウィーク前後のタイミングで、生徒に年齢の近い「社員インタビュー」**が届けば、社名の再浸透が図れるとともに、より興味関心を持ってもらえるはずです。こうなってくると、この時点で7月の高卒求人解禁後にのみ高卒求人票を届ける企業と比較すると、高校側からの認知・理解は、頭ひとつ抜けている状態になるというわけです。

また、この段階で、応募意思を固めているＰ1・Ｐ2層の生徒が出てくることもあるため、**7月1日、高卒求人が解禁となるタイミングで、ハローワークに受理された新年度の「高卒求人票」と合わせて、改めて「社長の手紙」「社員インタビュー」を送る**ことで、Ｐ1・Ｐ2層の生徒の確実な獲得だけでなく、Ｐ3層の生徒にもリーチするのが狙いになります。

と、ここまでお伝えするとこういった質問がよくあります。

「高卒求人解禁は7月1日ですが、そもそも、それ以前に高校へＰＲを行なってもいいのでしょうか？」

答えは、ＯＫです。

厚生労働省のホームページでは、「企業による学校への求人申込及び学校訪問開始…7月1日」（引用／令和4年3月新規高等学校卒業者の就職に係る採用選考期日等について）とあるのですが、これはあくまでも「翌春に高校を卒業する者に対する高校への求人申し込み」の開始日です。そのため、**「会社の魅力」や「仕事の魅力」は年間を通じて行なっても、問題はない**ということなのです。

「高卒求人票だけでは、会社理解なんて無理なんです」

実際に、高校の進路指導の現場からもこんな声をよく耳にします。「社長からの手紙」や「社員インタビューレター」といった郵送ＰＲ物を用いて高校進路指導室へ求人解禁日以前に届けることに、ルール上何ら問題がないことは当然として、**「会社の魅力」や「仕事の魅力」を伝える郵送ＰＲ物は、高校の就職指導の現場から感謝の声も多数寄せられています。**

⑥とはいえ、最も重要な郵送PR物は高卒求人票である

さて、3章ではここまで「企業専用ファイル」なるものの存在と、「企業専用ファイル」を高校進路指導室で作ってもらうために、コンスタントに郵送PR物を届けていくことが必要であることを伝えていきました。

そして、高校新卒採用が軌道に乗っていない段階で作成を推奨している「社長からの手紙」「社員インタビュー」の紹介と作成イメージの解説、またそれぞれの郵送PR物を送るタイミングにも触れてきました。それぞれの郵送PR物は、あまりデザインに拘る必要はありません。挿入する写真に関しても、スマートフォンで撮影したもので充分です。それぞれの事例をもとに、見まねで構いませんので、作成に挑戦してみてください。

ここまでは「社長からの手紙」「社員インタビュー」をご紹介しましたが、高校新卒採用に有効な郵送PR物はまだ他にもあります。高校新卒採用が軌道に乗り始め、実際に入社者が誕生してから取り掛かるものや動画を活用したもの、また早期離職を防止するもの等、目

的によって使い分けをしていきます。ここまでで紹介した「社長からの手紙」や「社員インタビュー」以外の郵送ＰＲ物は後の5章でご紹介しますので、ぜひ楽しみにしていてください。

と、高校新卒採用を効率的に軌道に乗せるための郵送ＰＲ物がさまざまあることをお伝えしましたが、ここで、**多くの企業が忘れがちである重要なこと**をお伝えします。

それは…**とはいえ、「最も重要な郵送ＰＲ物は、高卒求人票である」**ということです。本当に大切なので繰り返し、もう一度お伝えします。

「高校新卒採用において最も重要な郵送ＰＲ物は、高卒求人票」です。

考えてみれば当然のことなのですが、私が高校で就職指導を行なっていた時にも、現在、こうして高校新卒採用における支援事業を行なうようになってからも、「この高卒求人票では、そりゃあ応募があるわけないでしょ…」と、つい口に出してしまいそうになる高卒求人票を目にすることがあります。それも結構な頻度で、です。

高校新卒採用がなかなかうまく進まないと考える企業の多くは、採用広報の見直しや、高校へのアプローチ方法の検討には力を注ぐのですが、**残念ながら、肝心要の「高卒求人票」の作り込みに手を抜いているケースが多く見られます**。

では、そもそも、なぜ高卒求人票が重要なのか？　その理由は…

なんだかんだ言っても、教員・生徒・保護者、応募の意思決定に関わるこの3者が判断を**迷った時には、高卒求人票を見比べるため**です。

モノクロ、文字だけでなんだか、大人でも見にくい、理解しづらい、いろいろな意見がありますが、そう言いながらも最終的には、ニッポンの就職希望高校生及び教員・保護者は、公的な証明であるハローワークの受理印が押された**高卒求人票を頼りに応募先を決定**します。

ん？　んん？

でも、渡邉さん、2章②③で、多くの就職希望高校生は、応募先決定には高卒求人票ではなく、「高卒求人票一覧」なる一覧表のようなものを見る、と説明しませんでしたか？

さすがです。覚えていていただきありがとうございます。その通りです。そのようにお伝えしました。ただ、**完全に高卒求人票を見ないというわけではありません**。

就職を希望する生徒は、３年生の1学期の終業式の日に「会社名」や「就業場所」「事業内容」「仕事内容」「給与条件」など応募先を決定するにあたり、最低限必要となる項目がピックアップされた「高卒求人票一覧」なるものを手にし、私が就職指導を行なっていた高校では、生徒は8月の1週目の出校日までに応募したい企業トップ3を選出し、高校に提出するわけですが、当然、この「高卒求人票一覧」に記載されている情報だけでは、判断に迷う生徒は多く存在します。そのため、**最終的には多くの生徒は、高卒求人票を見て意思決定**を行ないます。

わかりやすくいうと、**「高卒求人票一覧」で、ある程度あたりをつけて候補を絞り込み、最終的には「高卒求人票」を見て応募先を決定**する。このようなイメージです。ですので、高卒求人票の作成には決して手を抜いてはいけません。続く4章では、「効果の出る！　高卒求人票の作り方」を丁寧に解説していきます。

4章 効果の出る！　高卒求人票の作り方

①高卒求人票の「ファーストビュー」とは？

「高卒求人票を作成するにあたって、特に重要なポイントを教えていただけませんか？」

こういった質問があった場合、私は、**ＰＲしたいポイントをできるだけ、オモテ面の上半分の「会社の情報」「仕事の情報」の欄に集約する**ようにお伝えすることにしています。

私は、この「会社の情報」「仕事の情報」のスペースを、**高卒求人票における「ファーストビュー」**と呼んでいます。本来、ファーストビューとは、インターネット上で、ＷＥＢページがパソコンやスマホの画面に表示された際、最初に画面内に表示される領域のことを言います。スクロールなどの操作をしなくても見ることができる範囲で、最も重要な内容を配置するべきとされる領域のことです。

私は、就職を指導する立場にある進路教員や就職指導員はともかく、高卒求人票を見慣れていない生徒にとって、文字だけのモノクロの高卒求人票を手にして、**最初に視界に入って**

くる領域は、オモテ面の上半分の「会社の情報」「仕事の情報」くらいだと考えています。そういった意味で、このスペースを高卒求人票における最重要スペースと位置づけ、高卒求人票における「ファーストビュー」と呼ぶことにしています。

この4章では、高卒求人票における**ファーストビューを意識した、「効果の出る！　高卒求人票の作り方」**を解説していきます。それではまず、高卒求人票の全体像を一緒に把握していきましょう。

高卒求人票は、大きく6つの情報スペースで構成されています。

（1）会社の情報
（2）仕事の情報
（3）労働条件等
（4）選考
（5）補足事項・特記事項
（6）青少年雇用情報

そして、この6つの情報エリアは、それぞれに属する項目で構成されています。たとえば、「会社の情報」のエリアは、「事業所名」「所在地」「代表者名」「法人番号」「ホームページ」「従業員数」「設立」「資本金」「事業内容」「会社の特長」で構成されているのですが、それぞれの項目は大きく2つにグループ分けすることができます。これこそが、**効果の出る高卒求人票を作るための基本知識**になるのですが、2つのグループとは…、

(A) 表現の自由度が高い項目

(B) 表現に自由度が低い項目

です。私は、**表現の自由度が高い項目のことを「フリースペース」**と呼んでいるのですが、たとえば、「会社の情報」のエリアでこの2グループに分類し、表現の自由度が高い項目であるフリースペースを抽出すると、**「事業内容」「会社の特長」がこれに該当**します（図15）。それ以外の「事業所名」「所在地」その他は、表現の自由度が低いカスタマイズできない項目となります。効果の出る高卒求人票を作るためには、「表現の自由度が高い項目（フリースペース）」を把握し、その中で、**いかにターゲットに刺さる表現をするか？**特にファーストビューの中の**「フリースペース」を充実させることができるか？**が大切になってくる

図15　高卒求人票のファーストビュー（オモテ面）

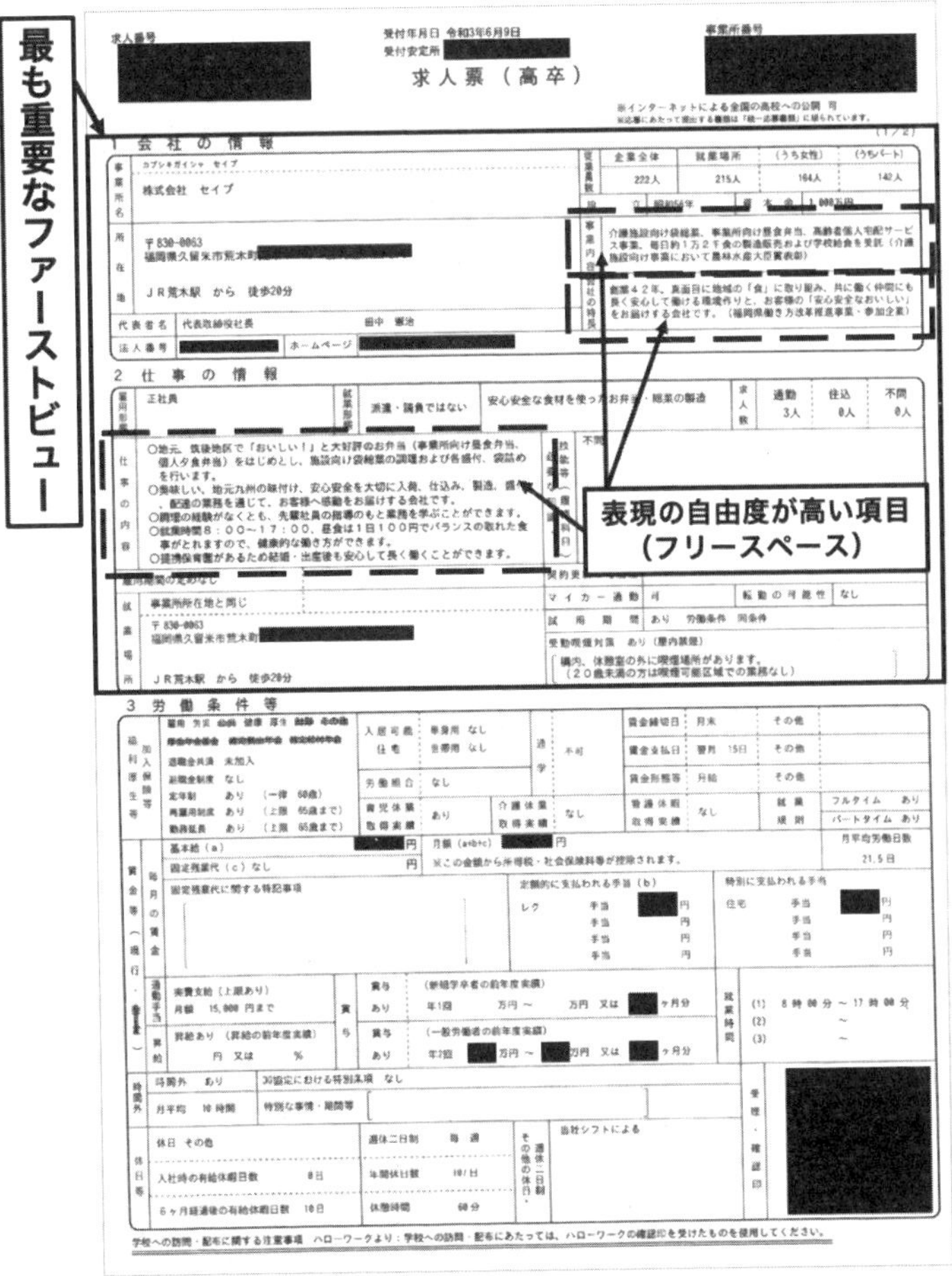

求人番号

受付年月日　令和3年6月9日
受付安定所

求人票（高卒）

事業所番号

※インターネットによる全国の高校への公開　可

1　会社の情報

事業所名：カブシキガイシャ　セイブ　株式会社　セイブ

所在地：〒830-0063　福岡県久留米市荒木町　ＪＲ荒木駅　から　徒歩20分

代表者名：代表取締役社長　田中

法人番号　ホームページ

従業員数：企業全体 222人　就業場所 215人　（うち女性）164人　（うちパート）142人

設立：昭和56年　資本金：1,000万円

事業内容：介護施設向け給食業、事業所向け昼食弁当、高齢者個人宅配サービス事業。毎日約１万２千食の製造販売および学校給食を受託（介護施設向け事業において農林水産大臣賞表彰）

会社の特長：創業４２年、真面目に地域の「食」に取り組み、共に働く仲間にも長く安心して働ける環境作りと、お客様の「安心安全なおいしい」をお届けする会社です。（福岡県働き方改革推進事業・参加企業）

2　仕事の情報

雇用形態：正社員　就業形態：派遣・請負ではない　職種：安心安全な食材を使ったお弁当・総菜の製造

求人数：通勤 3人　住込 0人　不問 0人

仕事の内容：
○地元、筑後地区で「おいしい！」と大好評のお弁当（事業所向け昼食弁当、個人夕食弁当）をはじめとし、施設向け給食業の調理および各盛付、袋詰めを行います。
○美味しい、地元九州の味付け、安心安全を大切に入荷、仕込み、製造、盛付、配達の業務を通じて、お客様へ感動をお届けする会社です。
○調理の経験がなくとも、先輩社員の指導のもと業務を学ぶことができます。
○就業時間８：００～１７：００、昼食は１日１００円でバランスの取れた食事がとれますので、健康的な働き方ができます。
○提携保育園があるため結婚・出産後も安心して長く働くことができます。

技能等（履修科目）：不問

雇用期間の定めなし

就業場所：事業所所在地と同じ　〒830-0063　福岡県久留米市荒木町　ＪＲ荒木駅　から　徒歩20分

マイカー通勤：可　転勤の可能性：なし

試用期間：あり　労働条件　同条件

受動喫煙対策：あり（屋内禁煙）
（構内、休憩室の外に喫煙場所があります。（２０歳未満の方は喫煙可能区域での業務なし））

3　労働条件等

福利厚生等：加入保険等　雇用　労災　公災　健康　厚生　財形　その他
退職金共済：未加入
退職金制度：なし
定年制：あり（一律　60歳）
再雇用制度：あり（上限　65歳まで）
勤務延長：あり（上限　65歳まで）

入居可能住宅：単身用　なし　世帯用　なし

通学：不可

労働組合：なし

育児休業取得実績：あり　介護休業取得実績：なし　看護休暇取得実績：なし

賃金締切日：月末　その他
賃金支払日：翌月　15日　その他
賃金形態等：月給　その他

就業規則：フルタイム　あり　パートタイム　あり

賃金等（現行・）：毎月の賃金
基本給（a）　円　月額（a+b+c）　円
固定残業代（c）なし　円
※この金額から所得税・社会保険料等が控除されます。
月平均労働日数　21.5日

固定残業代に関する特記事項

定額的に支払われる手当（b）：レク　手当　円　手当　円　手当　円　手当　円

特別に支払われる手当：住宅　手当　円　手当　円　手当　円　手当　円

通勤手当：実費支給（上限あり）　月額　15,000　円まで

昇給：昇給あり（昇給の前年度実績）　円　又は　％

賞与：
賞与あり（新規学卒者の前年度実績）　年1回　万円～　万円　又は　ヶ月分
賞与あり（一般労働者の前年度実績）　年2回　万円～　万円　又は　ヶ月分

就業時間：(1) 8時00分～17時00分　(2) ～　(3) ～

時間外：時間外　あり　月平均　10時間
36協定における特別条項　なし
特別な事情・期間等

受理・確認印

休日等：休日　その他
入社時の有給休暇日数　0日
６ヶ月経過後の有給休暇日数　10日
週休二日制　毎週
年間休日数　107日
休憩時間　60分
週休二日制その他の休日・：当社シフトによる

学校への訪問・配布に関する注意事項　ハローワークより：学校への訪問・配布にあたっては、ハローワークの確認印を受けたものを使用してください。

というわけです。

②どこにいる、どんな生徒がターゲットなのか？

前項を通して、高卒求人票の全体構成と重要ポイントが、何となくご理解いただけたかと思います。その中でも、特に表現の自由度が高いフリースペースを最大限に有効活用する重要性をお伝えしてきたわけですが、そのためには、**どこにいる、どんな生徒に向けてメッセージを発信したいのか？**　いわゆるターゲットの明確化を行なう必要があります。ターゲットの明確化ができていないまま高卒求人票やＰＲ物を作り込んでしまうと、残念ながら、ターゲットにまったく刺さらないどころか、その他の誰にも刺さらないＰＲ物になってしまいます。

「うちは、ターゲットは明確にして、打ち出していると思いますけどねぇ…」

採用責任者の方とお話すると、多くはこのような回答が返ってきます。しかし、実際の高卒求人票をはじめとするＰＲ物を確認してみると、私の感覚では**９割以上の中小企業がこれ**

をきちんと実行できているとはいえない状態にあります。自社ではできているつもりでも、ターゲットの明確化の目的は、それを行なうことで第三者に伝わっていなければ意味がありません。ですので、**ターゲットを明確にしてPRができているか否か？**は、発信する側だけが決めることではなく、受信する側が、その情報を見て理解できている状態になって、はじめて、それができている、と言えるのです。

ここでは、**ターゲットの明確化が簡単にできる整理方法**をご紹介します。貴社の求める人物要件を**MUST（必須条件）とWANT（歓迎条件）に整理**し、その後に「どこにいるどんな人物なのか？（求める人物像）」を明確にしていく方法です。

この方法を活用すると、PRに有効なだけでなく、進路教員や就職指導員が貴社に推薦すべき生徒の条件をきちんと把握できることになり、応募のミスマッチが起こりにくくなるという効果もあります。特に高校新卒採用においては、大学新卒採用や中途採用のように、企業は書類選考ができません。応募があれば、全員と会わないといけないルールなので、高校にとっても企業にとっても、プラスの結果にならない不要なプロセスを省くためにも、非常に重要なポイントとなります。

それでは、ここでひとつ、弊社で高校生向けＰＲ物を制作した有限会社ラ・フェンネル（山本光伸社長）を例に、少し具体例をご紹介させていただきます。同社は、長野県松本市に本社を構え、「ライトウェーブ」のブランド名で長野県内でエステティックやネイル・マツエク等を行なう美容業を展開、創業１９９５年、長野県で30万人超の施術実績、地域密着型で圧倒的な知名度を誇るトータルビューティーサロンです。そんな同社の高校新卒のエステティシャン募集をご支援するにあたり、ＭＵＳＴ（必須条件）とＷＡＮＴ（歓迎条件）を整理し、求める人物像を設定したものが左の図16になります。

ＭＵＳＴとＷＡＮＴを言語化するだけでも、そこから**「どこにいる、どんな人物（求める人物像）」を自社が必要としているのか？　がわかってくるはず**です。同社の場合、「東京のエステ系専門学校への進学を迷っている長野県内（店舗近隣）に在住の高校３年生女子」が求める人物像であることが明確になり、そのターゲットへ向けてのＰＲ物を制作することになったわけですが、ターゲットが明確になると、高卒求人票だけでなく、ＰＲ物での**メッセージの精度が高くなり、ターゲットへの訴求力が増していきます**。

同社の高校新卒の成功事例の具体的内容は、後の８章でご紹介するとして、ぜひ、図16を

図16　ターゲットの明確化（求める人物要件の整理）

ライトウェーブの高校新卒エステティシャン募集における
ターゲットの明確化

①ＭＵＳＴ（必須条件）／ＷＡＮＴ（歓迎条件）の整理

ＭＵＳＴ（必須条件）	・美容と接客の両方が好きである（どちらか一方ではNG） ・成長意欲が高い ・高い技術力を身につけたい ・自分自身も美しくありたい ・女子（女性のお客様への施術を行なうため）
ＷＡＮＴ（歓迎条件）	・最短ルートで成長したい ・収入を得ながら学びたい ・結婚、出産後も長く働きたい ・キャリアアップに貪欲である ・自宅から通勤できる

②どこにいるどんな人物なのか？（求める人物像）

「え？　エステティシャンになるのってエステの専門学校に行かなくてもいいの？　知らなかった！」

ライトウェーブの高卒求人票・ＰＲ物を見て開口一番、驚きながらこのように話す長野県松本市内の高校に通う高校３年生の女子生徒Ａさん。幼い頃から、母がエステに通っていたことをきっかけに、自身も美容に興味関心を持った。高校卒業後は、本格的に学ぶために東京のエステ系専門学校への進学を検討していた。

しかし、そうなると専門学校の学費だけでなく、東京での生活費もかかってくる。（そして、実は長野が大好きなので離れたくない・・・）

さあ、どうしようか・・・。

この進路選択は現実的ではないのかなぁ・・・と
悶々と高校生活を送っているＡさん。

参考にして、自社でも、ターゲットの明確化に取り組んでみてください。

③社員の力を借りてＰＲポイントを引き出そう！

ターゲットが明確になると、次は実際の高卒求人票への落とし込みです。

前項に引き続きライトウェーブを事例として、図16でターゲット設定した高校３年生の女子Ａさんに向けての高卒求人票の作り込みを行なうのですが、この作業を行なう前にやるべきことが、ターゲットＡさんに**刺さるワードの引き出し作業**です。これは１人でもできる作業ではありますが、できれば、社員を数人集めて**ブレストを実施するとさらに効果的**です。

◉ブレストって何？

ブレストという言葉を初めて耳にした方のために、ここで少し、説明させていただきます。

ブレストとは、「ブレーンストーミング」の略です。ブレーンストーミングとは、複数人で意見を出し合うことによって、お互いの考えやアイデアが交わることで化学反応、連鎖反応が起こり、新たな発想が生まれることを期待する技法のことです。ここではあまり難しく考えず、高校新卒採用におけるPR物を作成する上でのブレスト実施のポイントをお伝えします。

●事前に手配すること

（1）アイデアを出して欲しい社員への参加依頼（もちろん若手で、高校新卒がベスト！）
（2）上司や周囲を意識せず、発言できる安心・安全な場所の確保（会議室などでＯＫ）
（3）アイデアを取りまとめるためのホワイトボードの準備

●実施する際の進行ポイント

（1）発言を批判しない
（2）自由な発言を促す
（3）内容にこだわらずに、量を多く引き出す

参加者には、図16を参考に作成した資料を共有して、自社が求める人物像をきちんと共有してブレストを行なってみてください。現場で活躍する社員を交えることで、採用責任者や担当者レベルでも**思いもつかない（もしくは、見落としていた）ＰＲポイント（アイデア）が、飛び出してくる可能性がある**だけでなく、高校新卒社員を**迎え入れる社内の一体感醸成**

にもつながりますので、非常にオススメです。

また、このブレストは、さまざまなシーンで活用できる使い勝手のよいアイデア引き出し技法です。たとえば、採用責任者や担当者の方が、図16のターゲットの明確化がうまく進まない、そんなケースでも、高校新卒者を迎え入れる現場の責任者や、その他、上司、先輩となる可能性のある社員をブレストに招待することで、現場の目線も取り入れたターゲットの明確化が効率よく進むことが期待できます。採用責任者や担当者の方は、ブレストをうまく活用して、積極的に周囲を巻き込んで、高校新卒採用を推進されてはいかがでしょうか。

そして、ブレストで引き出されたＰＲポイントは、特に、４章①でお伝えした高卒求人票のファーストビュー（図15）に属する表現の自由度が高い（フリースペース）３つの項目である「事業内容」「会社の特長」「仕事の内容」、およびウラ面のフリーフリースペースである「補足事項」「求人条件にかかる特記事項」「職業能力の開発及び向上に関する取組の実施状況」（図17）に反映させることで、よりターゲットに響く高卒求人票ができ上がります。

図17　高卒求人票・ウラ面のフリースペース

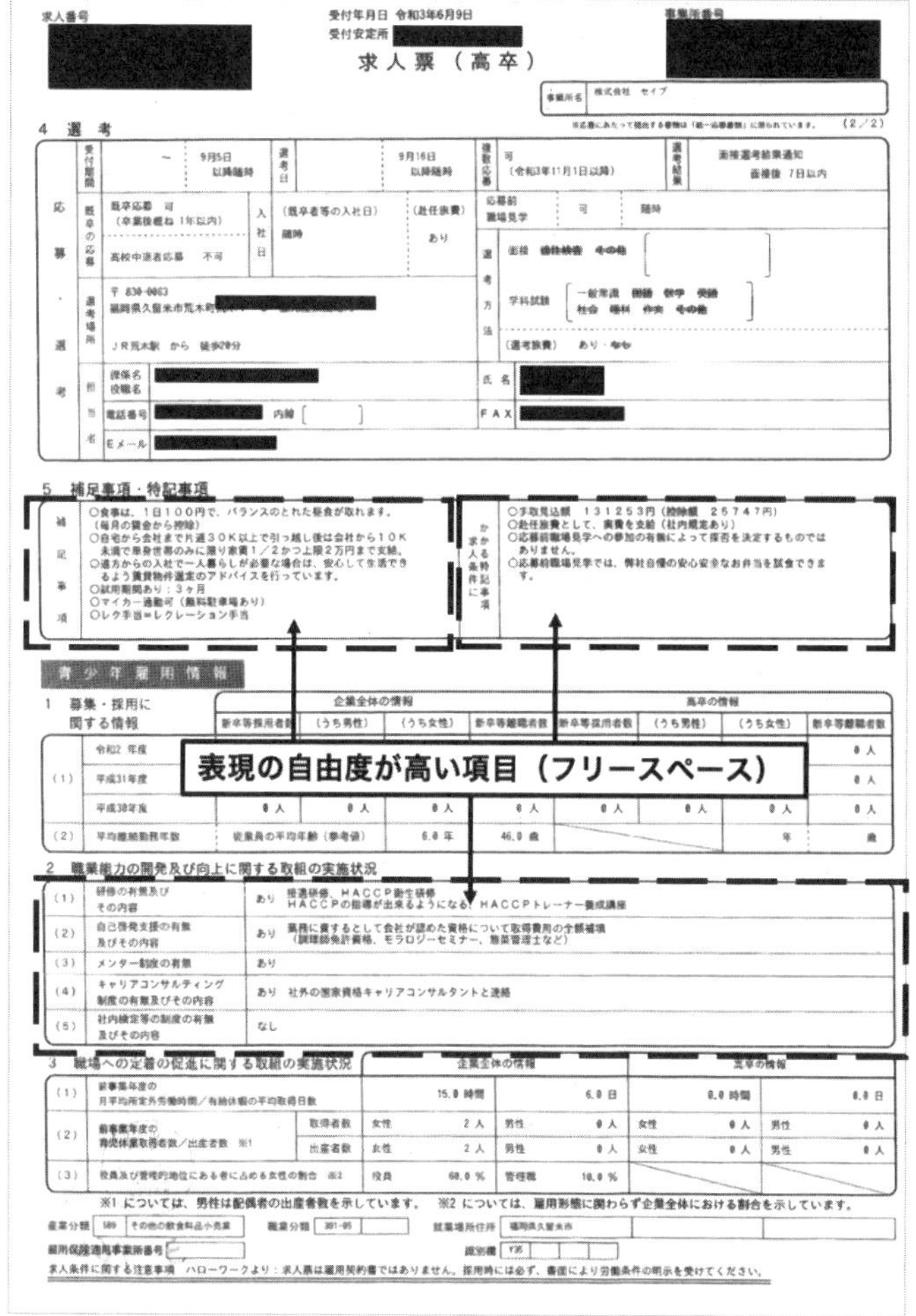

求人番号

受付年月日 令和3年6月9日
受付安定所

事業所番号

求人票（高卒）

事業所名　株式会社　セイブ

(2／2)

4　選　考

受付期間	〜　9月5日 以降随時	
選考日	9月16日 以降随時	
複数応募	可（令和3年11月1日以降）	
選考結果	面接選考結果通知　面接後 7日以内	
既卒の応募	既卒応募　可（卒業後概ね 1年以内）／高校中退者応募　不可	
入社日	（既卒者等の入社日）随時	（赴任旅費）あり
応募前職場見学	可	随時
選考方法	面接　適性検査　その他	
	学科試験 ［一般常識　国語　数学　英語　社会　理科　作文　その他］	
	（選考旅費）あり・なし	
選考場所	〒 830-0063 福岡県久留米市荒木町 JR荒木駅　から　徒歩20分	
担当者	課係名 役職名	氏名
	電話番号　内線［　］	FAX
	Eメール	

5　補足事項・特記事項

補足事項	○食事は、1日100円で、バランスのとれた昼食が取れます。（毎月の賃金から控除） ○自宅から会社まで片道30K以上で引っ越し後は会社から10K未満で単身世帯のみに限り家賃1／2かつ上限2万円まで支給。 ○遠方からの入社で一人暮らしが必要な場合は、安心して生活できるよう賃貸物件選定のアドバイスを行っています。 ○試用期間あり：3ヶ月 ○マイカー通勤可（無料駐車場あり） ○レク手当＝レクリエーション手当
求人条件にかかる特記事項	○手取見込額　131253円（控除額　25747円） ○赴任旅費として、実費を支給（社内規定あり） ○応募前職場見学への参加の有無によって採否を決定するものではありません。 ○応募前職場見学では、弊社自慢の安心安全なお弁当を試食できます。

青少年雇用情報

1　募集・採用に関する情報

		企業全体の情報 新卒等採用者数	（うち男性）	（うち女性）	新卒等離職者数	高卒の情報 新卒等採用者数	（うち男性）	（うち女性）	新卒等離職者数
(1)	令和2 年度								0 人
	平成31年度								0 人
	平成30年度	0 人	0 人	0 人	0 人	0 人	0 人	0 人	0 人
(2)	平均継続勤務年数	従業員の平均年齢（参考値）		6.0 年	46.0 歳			年	歳

2　職業能力の開発及び向上に関する取組の実施状況

(1)	研修の有無及びその内容	あり　接遇研修、HACCP衛生研修　HACCPの指導が出来るようになる！ HACCPトレーナー養成講座
(2)	自己啓発支援の有無及びその内容	あり　業務に資するとして会社が認めた資格について取得費用の全額補填（調理師免許資格、モラロジーセミナー、無菌管理士など）
(3)	メンター制度の有無	あり
(4)	キャリアコンサルティング制度の有無及びその内容	あり　社外の国家資格キャリアコンサルタントと連絡
(5)	社内検定等の制度の有無及びその内容	なし

3　職場への定着の促進に関する取組の実施状況

			企業全体の情報		高卒の情報	
(1)	前事業年度の月平均所定外労働時間／有給休暇の平均取得日数		15.0 時間	6.0 日	0.0 時間	0.0 日
(2)	前事業年度の育児休業取得者数／出産者数 ※1	取得者数	女性 2 人	男性 0 人	女性 0 人	男性 0 人
		出産者数	女性 2 人	男性 0 人	女性 0 人	男性 0 人
(3)	役員及び管理的地位にある者に占める女性の割合 ※2		役員 60.0 %	管理職 10.0 %		

※1 については、男性は配偶者の出産者数を示しています。　※2 については、雇用形態に関わらず企業全体における割合を示しています。

産業分類　589　その他の飲食料品小売業　職業分類　301-05　就業場所住所　福岡県久留米市

雇用保険適用事業所番号　識別欄　Y35

求人条件に関する注意事項　ハローワークより：求人票は雇用契約書ではありません。採用時には必ず、書面により労働条件の明示を受けてください。

④最も重要であるファーストビュー「フリースペース」の文例

それでは、長野県でトータルビューティーサロン「ライトウェーブ」を運営する有限会社ラ・フェンネルを例に、高卒求人票のファーストビューにおける表現の自由度が高い「フリースペース」への記載例をご紹介します。

と、その前に、図18をご覧ください。

これは、ブレストにより引き出せた多くの情報を元に、本章②でターゲットに設定した高校3年生の女子Aさん（図16参照）に響くであろうPRポイントを整理したものになります。

ここで**大切なことは、「ターゲットを想定して、ある程度あたりをつけてPRポイントを引き出し、そして整理する」**ということです。

私の経験上、この作業にまだ慣れていない段階では、あまり深く考え過ぎると手が止まり、前に進むことができなくなります。ですので、**ある程度ざっくりで構いませんので、とりあ**

図18　ライトウェーブのPRポイント（一部抜粋）

●1995年創業
→　創業27年、四半世紀以上に渡って安定成長

●長野県で30万人を超える施術実績
→　高い信頼と圧倒的な認知度を誇る）

●1999年に全日本エステティック業連絡協議会に入会（現在、一般社団法人全日本エステティック業協会）
→　長野県で一番目に入会したパイオニア企業

●長野県内で7店舗展開
→　地域に根付いた安定した店舗展開
→　一人暮らしをせずに自宅から通える可能性大

●地域密着型のトータルビューティーサロン
→ 中堅ビューティーサロンとして着実な成長

●ライトウェーブの理念『共に磨き・共に輝く』
→　自分自身も美しくありたいと思う方にピッタリ

●3つの商標登録
→　ブランディング戦略にも
しっかりと力を入れている企業である

●オリジナル化粧品『フェンネ化粧品』
→　自社のスキンケア技術を生かしたオリジナル
化粧品を製造・販売しホームケアまでサポート

●一般社団法人日本化粧品検定協会　法人会員
→　化粧品メーカーをはじめ美容院やエステサロン、
ネイルサロン、または美容系の学校などでも
導入が加速している知識を学ぶことができる

●数々の講習認定や資格保持をしている
スタッフが多く在籍
→　給与を得ながら高い技術・知識が学べる環境
→　技術面だけでなく、接客技術も学べる

●長野県認定　社員の子育て応援宣言　登録認定
→　結婚・出産後も長く働ける

●長野県認定　職場いきいきアドバンスカンパニー
[ワークライフバランスコース] 登録認定
→　社員にとって働きやすい環境づくりこだわっている。エステ業界では長野県2社のみとなる。

えず、形にしていきましょう。こうして、浮き彫りになってきた、ターゲットのAさんに響くであろうPRポイントを、いよいよ「フリースペース（表現が自由にできる項目）」に反映させていきます。

フリースペースは、高卒求人票のオモテ面3ヶ所、ウラ面3ヶ所、計6ヶ所あるのですが、オモテ面の「事業内容」「会社の特長」は、ハローワークの一般求人・大卒求人とも連動しているので書き起こしには注意が必要です。理由は、この2つの項目を高校新卒採用に寄りすぎた表現にしてしまうと、一般求人（中途・パート・アルバイト求人）・大卒求人でも共通使用されるため、高校生以外から見ると違和感のある表現となります。ですので、一般求人・大卒求人をハローワークで出している企業は、あらかじめそのことを頭に入れておく必要があります。

また、ウラ面の「補足事項」「求人条件にかかる特記事項」の項目に関しても、たとえば、試用期間や転勤の可能性がある場合は、「補足事項」に、選考旅費や赴任旅費があれば「求人条件にかかる特記事項」に記載しないといけないなど、管轄ハローワークによって異なるローカルルールのようなものがありますので、これも頭に入れておかなければなりません。

図19　ファーストビュー・フリースペースの文例

事業内容	90文字 （30文字×3行）	1995年創業、長野県で施術実績30万人超。地域密着トータル ビューティーサロン運営企業。エステ4店舗、ネイル3店舗、アイ ラッシュ3店舗。（社）全日本エステティック業協会・正会員。
会社の特長	90文字 （30文字×3行）	長野県「社員の子育て応援宣言企業」「職場いきいきアドバンスカ ンパニー（ワークライフバランスコース）」登録認定企業として出 産後も長く働ける、社員が働きやすい環境づくりに努めています。
仕事の内容	35文字×8行 ＋ 9行目は20文字	●お客様の悩み・相談を聞きながらサービスのご案内やお手入れ等のアドバイ ス。また、美顔・痩身・脱毛・ブライダルエステなどの技術の提供を行ないます。 ●数々の講習認定や資格保持をしているスタッフが多く在籍しているため、 進学せずとも給与を得ながら高い技術・知識、そして資格が手に入ります。 ●一般社団法人日本化粧品検定協会の法人会員であるため化粧品メーカーを はじめ、美容院やエステサロン、ネイルサロン、または美容系の学校などでも 導入が加速している知識を学ぶことができます。 ●『共に磨き・共に輝く』という理念を元に自分自身も美しくありたいと思う 方にピッタリの職場です。

ここではいったん、**ファーストビューにおけるフリースペースの文例（図19）**をご紹介します。

「事業内容」には「歴史」や「実績」を、そして「会社の特長」には自社が現在力を入れている取り組み、なかでも「労働環境改善」に関する情報が記載できればベターです。この「事業内容」と「会社の特長」は3章③（図11）の**「社長からの手紙」の作成にも活用できる**ので、ぜひ覚えておいてください。

また、「仕事内容」に関してですが、ここに関しては、実際の職務内容を記載して終わりにしないでください。余白があれば、「事業内容」や「会社の特長」に記載できなかったPR情報を余すことなく記載して、**文字数制限いっぱいにPRしま**

しょう。このファーストビューのフリースペースの改善だけでも、貴社の高卒求人票は確実にレベルアップします。

⑤効果の出る！ 高卒求人票のオモテ面・ウラ面のフリースペース記載例

「ファーストビューやら、フリースペースやら…なんだかちょっと…頭の中が整理できなくなってきたのですが…」

ですよね、説明しておきながら、わかります、その気持ち…。ではここで、実際の高卒求人票を参考にして、高卒求人票における最も重要なファーストビュー、そして表現の自由度が高いフリースペースの位置をビジュアルで確認しながら、記載例をご紹介します。ここでも前項に引き続き、長野県でトータルビューティーサロン「ライトウェーブ」を運営する有限会社ラ・フェンネル（山本光伸社長）にご協力を得て進めていきます。

図20をご覧ください。前項の図19で整理した高卒求人票のオモテ面、ファーストビューフリースペース用の文章を、実際の高卒求人票に落とし込みます。**繰り返しになりますが、文**

図20　実際の高卒求人票（オモテ面）への記載例
※ファーストビュー・フリースペース

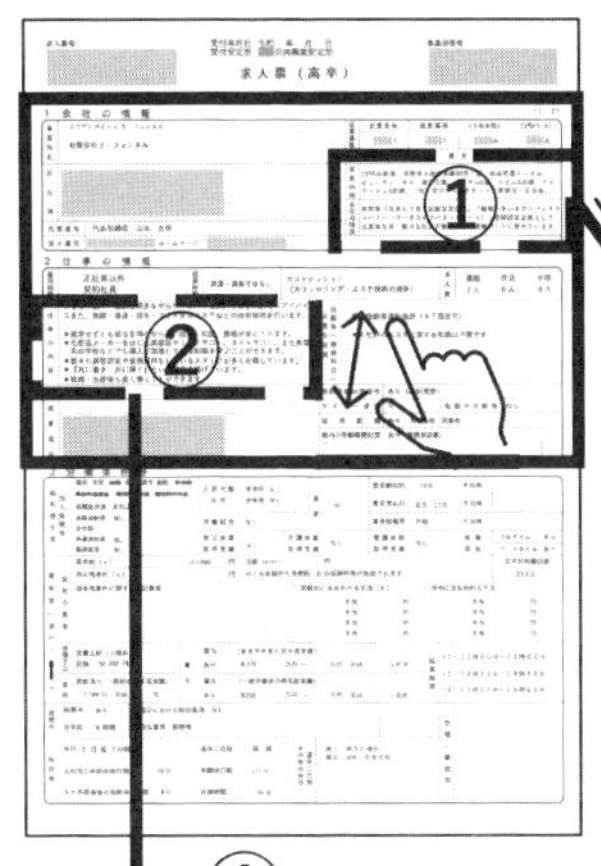

オモテ面

ブレーンストーミングで引き出した
ＰＲポイントを各フリースペースの
文字数に合わせて落とし込みます。

①　各９０文字（３０文字×3行）

事業内容	1995年創業、長野県で施術実績30万人超。地域密着トータルビューティーサロン運営企業。エステ4店舗、ネイル3店舗、アイラッシュ3店舗。（社）全日本エステティック業協会・正会員。
会社の特長	長野県「社員の子育て応援宣言企業」「職場いきいきアドバンスカンパニー（ワークライフバランスコース）」登録認定企業として出産後も長く働ける社員が働きやすい環境づくりに努めています。

②　３５文字×８行＋９行目は２０文字

仕事の内容	お客様の悩み・相談を聞きながらサービスのご案内やお手入れ等のアドバイス。また、美顔・痩身・脱毛・ブライダルエステなどの技術提供を行ないます。 ＊進学せずとも、給与を得ながら高い技術・知識、資格が手に入ります。 ＊化粧品メーカーをはじめ、美容院やエステサロン、ネイルサロン、また美容系の学校などでも導入が加速している知識を学ぶことができます。 ＊数々の講習認定や資格保持をしているスタッフが多く在籍しています。 ＊『共に磨き・共に輝く』という理念を掲げています。 ＊結婚・出産後も長く働くことができます。

職務内容と＊マーク以降のＰＲポイントの間に
「空白行」を設けるなど、見やすさも意識しましょう！

字数制限ギリギリまで、ＰＲしたいワードを敷き詰めてください。こうお伝えすると、「そんなにギチギチに文字を詰め込んで、読まれなくなっちゃうんじゃないですか？」そういう質問を受けることがあるのですが…大丈夫です！　まったく問題ありません！

むしろ、限られた文字数の中で精一杯情報を届けようとする企業の姿は、教員はもちろん高卒求人票を手にした生徒・保護者に好印象を与えます。事実、私のこれまでの経験上、高校新卒**採用が軌道に乗っている企業の多くは、高卒求人票のフリースペースにぎっしりＰＲ情報を盛り込んでいます**。ターゲットとなる生徒に向けて考えられたメッセージであれば、該当する生徒は「私のための（僕のための）求人だ！」と興奮して読み進めるはずです。

では、オモテ面に続き、ウラ面のフリースペースも同様にＰＲ情報を敷き詰めていきます。図21をご覧ください。①に「補足事項」「求人条件にかかる特記事項」と２つの項目がありますが、項目別に記載できる情報の制限があるわけではありませんので、あまり深く考え込まずに書き進めてみてください。また、手を抜きがちなのですが、②の「職業能力の開発及び向上に関する取組の実施状況」の項目なのですが、ここも丁寧に記載しましょう。特に、貴社の求めるターゲットが「成長意欲の高い向上心のある」人材であれば、このスペースでしっかりと情報を発信しましょう。また、入社後の教育環境に関しての情報は、卒業後の早

図21　実際の高卒求人票（ウラ面フリースペース）への記載例

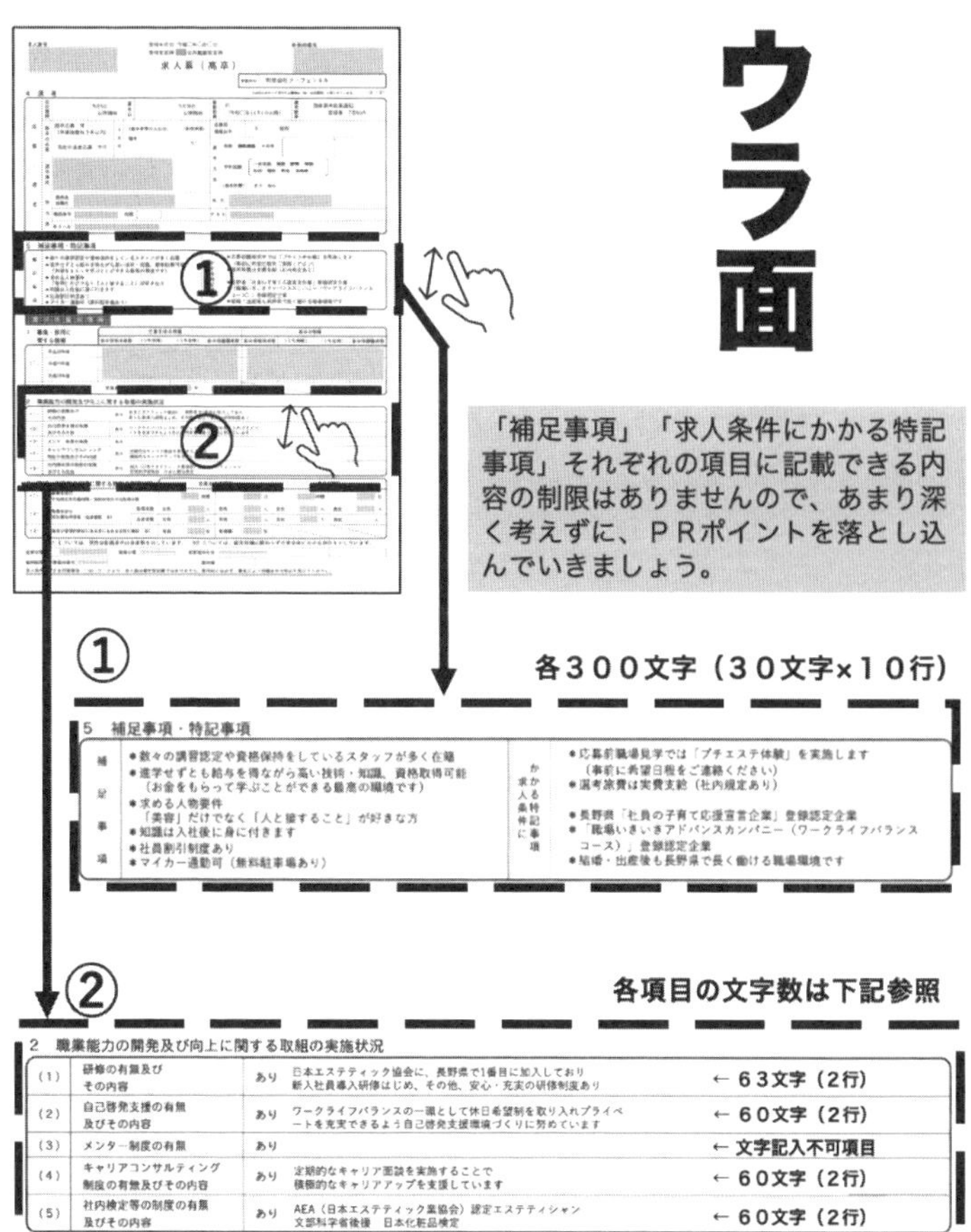

オモテ面・ウラ面で重複して記載しても構いません！
記入可能スペースは余すことなくＰＲポイントを盛り込みましょう。

期離職を心配する進路教員や就職指導員が注目すべき大切な情報となります。

⑥高卒求人票作成における重要ポイント「10項目」とは？（前編）

「とりあえず、フリースペースにPR情報を盛り込んでおけば大丈夫でしょうか？」

ちょっと待ってください。その他にも、いくつかお伝えしておくべき、また、**見落としがちな重要ポイント**があります。**全部で10項目**。実際に高卒求人票を作成する際のチェック項目として、活用してみてください。

（1）インターネットによる全国の高校への公開は「可」とする

（2）職種名は、生徒が仕事内容をイメージしやすいように工夫をする

（3）専門性が必要と思われる職種で、未経験で知識ゼロからスタートできる場合は、「必要な知識・技能等（履修科目）」のスペースにあえて、「入社時の○○に関する経験・知識は必要ありません」と明記する

（4）入社時、仮に契約社員からのスタートであったとしても、正社員登用予定があれば、フリースペースに必ずその旨を記載する

（5）選考結果は、遅くとも「10日以内の通知」とする
（6）選考旅費は、ケチらず「あり」とする
（7）FAX番号は必ず記載する
（8）複数の勤務地があり、遠方の場合は、高卒求人票をエリアごとに作成する
（9）複数の職種を、ひとまとめにして求人票を作成してはいけない
（10）最終仕上がりをハローワークの担当者任せにしてはいけない

以上、駆け足でお伝えしましたが、これが重要ポイント10項目です。

それぞれを解説すると…、

（1）に関しては、特定の高校に求人票公開を限定する「指定校求人」ではなく、「公開求人」として、全国のすべての高校に高卒求人票を公開するのであれば、**インターネット公開は必ず「可」**にしてください。2章②で触れた「高卒就職WEB提供サービス」に掲載するためです。生徒が自由に閲覧できる検索サイトではありませんが、進路教員や就職指導員が検索し、貴社の求人をピックアップすることがあるかもしれません。

（2）については、あくまでも**生徒目線で仕事内容がイメージしやすい表記**にしてください。たとえば、1章⑤でご紹介した福岡県久留米市の食品製造の株式会社セイブでは、「お弁当・惣菜の製造」と表記していた職種名を、「安心安全な食材を使ったお弁当・惣菜の製造」という表現に変え、その年、県外・遠方から多くの高校生たちが職場見学・面接に訪れました。そして、面接で志望動機を聞くと、「安心安全な食材を使った」という言葉が、同業他社ではなく、株式会社セイブへの応募への一因となったことが確認できたのです。

続いて、（3）に関しては、このケースの場合「不問」という表現にとどめている高卒求人票が多いのですが、**専門性が高い、また資格が必要なイメージのある（たとえば、エステティシャンやカーメンテナンスなど）職種の場合には「不問」で終らせるのではなく、丁寧にイメージや先入観を払拭する必要がある**ためです。

（4）に関しては、この説明の通りなので割愛します。（5）選考結果の通知は、なる早でお願いします。その理由としては、多くの地域では就職を希望する高校生は1次応募の際に複数社応募はできず、貴社1社だけを受験している状態です。万一、貴社に不採用になった場合には、速やかに2次応募先を決定しなければならないので、このことを配慮する必要があります。仮に、このことへの配慮がなく、「20日以内の通知」などと表記すると、その時点で進路教員や就職指導員は「高校新卒採用を理解していない、生徒を送り出すには不安の残る企業」であるというマイナスの印象を抱くこととなるでしょう。

（6）**選考旅費は出しましょう**。こう提案すると、「遠方からの場合、高額になるじゃないですか？」という心配の声もありますが、その場合、「当社規定」と表記して上限を設けておけばよいわけです。1章③でお伝えした通り、学校斡旋、多くの都道府県で応募一人一社制という制約のある高校新卒採用においては、内定辞退がほぼありません。ですので、ターゲットを明確にして高卒求人票を書き起こしたのであれば、一人でも多くの、自社が求める高校生を手繰り寄せるために、厳しいようですが、**選考旅費をケチっている場合ではありません。**

（7）職場見学の申し込みをはじめとした高校からの情報伝達には、現在もＦＡＸが多用されています。ですので、**必ずＦＡＸ番号は記載**しておきましょう。

そして、この項では収まりきれませんでしたので、（8）以降は、続く次項で説明することします。

⑦高卒求人票の作成における重要ポイント「10項目」とは？（後編）

それでは、前項に引き続き、高卒求人票の作成における重要ポイント「10項目」の解説を行なっていきます。

（8）就業場所（勤務地）の候補が複数ある場合、ひとつの都道府県内に存在するのであれば、一まとめにしても問題はありません。しかし、ひとつの都道府県に収まらない場合は、**高卒求人票をエリアごとに作成する**必要があります。たとえば、東京都・神奈川県・埼玉県・千葉県に飲食店（就業場所）を複数展開する企業が高卒求人票を作成する場合、「東京エリア」「神奈川エリア」「埼玉エリア」「千葉エリア」と行なった具合に、どんなに広く区切ったとしても、**都道府県の範囲で高卒求人票を小分けにする**必要があります。

理由としては、2つあります。1つ目は、仮に生徒の立場に立って、都道府県をまたいだ広範囲に複数の就業場所（勤務地）が記載されている高卒求人票を見る立場に立ってみると、どうでしょう？

多くの場合、「この会社に入社すると、いったいどのエリアに配属されるのだろうか？」という疑念を抱きます。すると、とくに転居が伴った転勤を望まない生徒からの応募の可能性が低くなります。また、2つ目は、エリアごとで高卒求人票を作成して、小分けすることで、2章の③でお伝えした「高卒求人票一覧」の中での貴社の占有率が高くなり、生徒の視認率が上がります。高卒求人票の枚数分、記載される行数が増えるためです。その結果、多忙を極める中、採用責任者・担当者が頑張って作成した高卒求人票が生徒の手に渡り、職場見学や応募申し込みにつながる可能性が高くなるというわけです。

そして、(9)の**複数の職種を一まとめにして求人票を作成してはいけない**、ということについて、「そんなことくらいわかっているよ！」という声が聞こえてきそうですが、しかし、現実には、それをしているケースが散見されます。ですので、念のため、説明しておきます。

これも、前述と同様に飲食店を例に説明します。たとえば、実際には「ホール」と「キッチン」という2つの職種があるにもかかわらず、ひとまとめにして「ホール・キッチン」として、1つの求人にして公開しているケースをよく目にします。この場合、ホールにもキッチンにも興味関心がある生徒であれば、興味関心を持つ可能性はあります。しかし、飲食店の接客が好きで、入社から当面は「接客のみ」を希望する生徒や調理に興味があり、「キッチン業務のみ」を希望する生徒には響きにくい求人票になってしまう、というわけです。

そしてついに、重要ポイント「10項目」のラストです。（10）**最終仕上がりをハローワークの担当者任せにしてはいけない**、ということを忘れないでください。

ん？　ハローワーク任せにしてはいけない？　なんか悪意がありませんか、その言い方…。

いえいえ、勘違いしないでください。決して、ハローワーク並びに高卒求人票を取り扱う学卒担当の皆様を批判しているというわけではありません。むしろ、尊敬、感謝しているからこそ、あえてお伝えすることなのですが、ハローワークの高卒求人票を取り扱う学卒担当の方々は、ここ数年、多くの企業が高校新卒採用マーケットに参入してきたこともあり、6月1日の高卒求人届出開始から7月1日の公開までの1ヶ月間は、とんでもない激務を強いられています。

これに関しては、私も20年ほど前、20代後半にリクルートの地方都市・求人フリーペーパーの創刊営業責任者として、分厚い創刊号の原稿制作に約1ヶ月の間、忙殺された身として理解できます。短期間での求人情報の書き起こしと、チェックを行なうのは想像を絶するほどの激務です。

現在は仕組み化されて、このような環境にはないようですが、当時はスタッフ同士でダブルチェック、トリプルチェックをしても表記ミスがありました。ヒューマンエラーが起きない方がおかしいのでは？　と思えるほどの環境だったことを今でも覚えています。

ハローワークは、ここ最近では、ハローワークインターネットサービスの求人者マイページを経由して、企業が直接、高卒求人票の内容を入力できる仕組みを構築、企業に提供しています。しかし、依然として、すべての企業がこの仕組みを利用しているわけではありません。多くの企業が使い方に不慣れなため、未だに申し込み用紙に鉛筆で書き起こしたり、前年度の高卒求人票に朱書きして申し込むといった状況にあります。

私は、そういったアナログな環境、かつ短期間の激務の中で奮闘されているハローワークの学卒担当の方に、自社の高卒求人票の仕上がりを一任するのは酷であるとともにリスクが高いと認識しています。高卒求人票が高校新卒採用における重要なPR物であるという観点からも、このことを理解して、**自社で仕上がりを細かくチェックすべき**だと、私は考えています。

5章 3つの採用フェーズと有効なPR物とは?

①高校新卒採用における3つの採用フェーズとは？

「渡邉さん、おかげさまで、改めて、高校新卒採用の魅力がわかったし、やるべき打ち手もだいたい把握できました。とりあえず、自社で取り組んでみます！」

そう言っていただけると、うれしい限りです。ありがとうございます…（涙）。って、ちょっと待ってください！　この本の後半戦は、まだまだこれからです。

この5章では、高校新卒採用を進めていく上で知っておくべき3つのフェーズと、その各フェーズにおけるＰＲ物の使い分けの方法、そして、次の6章では、ＰＲを実施する対象高校の選定方法と発送時の注意点、また、より効果を上げるための工夫ポイントを紹介していきます。続く7章では、ＰＲ効果を倍増させるために覚えておく必要がある「高校新卒における企業の採用力とその構成要素」をわかりやすく説明していきます。さらに8章では、具体的な業種別の事例を公開することで、さまざまな業種・職種で、本書の高校新卒採用ノウハウが有効であることをご紹介します。本書をすべて読み終えた頃には、高校新卒における

「採用ノウハウ」が一通りつかめるはずですので、ぜひ、最後までお付き合いください。

ではここでは、タイトルにある通り「高校新卒採用における3つの採用フェーズ」についてお話ししていきます。高校新卒採用における3つの採用フェーズとは、

(1) 初めての応募者を獲得するための「第1フェーズ」

(2) 実際に高校新卒入社者の受け入れが始まった「第2フェーズ」

(3) 第2フェーズからさらに一歩進み、応募者の質を高める「第3フェーズ」

私は、大きく分けて、この3つのフェーズに分類しています（図22）。

少し噛み砕いて説明すると、高校新卒採用にこれから取り組む、もしくは、取り組んでいるものの、なかなか結果が出せていない段階が「第1フェーズ」。そしてPRが順調に進み、徐々に対象高校での認知が広がりを見せ、応募・内定、そして、めでたく高校新卒入社者が誕生、その社員たちが活躍し始めた段階が「第2フェーズ」といったところでしょうか。そして、応募が安定して入るようになり、応募のミスマッチを意図的に減らしていく上位フェー

図22　高校新卒採用における採用フェーズ

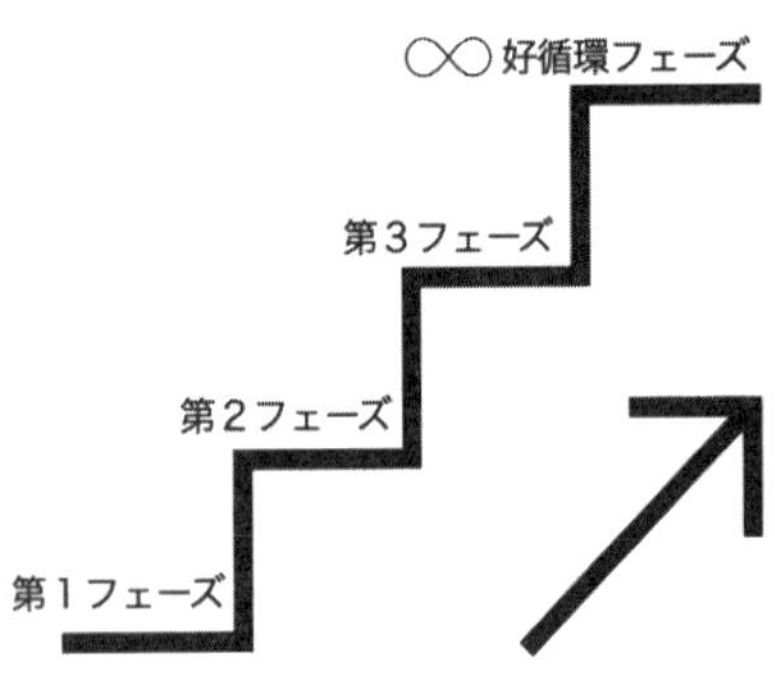

（1）初めての応募者を獲得するための「第1フェーズ」
（2）実際に高校新卒入社者の受け入れが始まった「第2フェーズ」
（3）第2フェーズからさらに一歩進み、応募者の質を高める「第3フェーズ」

ズが「第3フェーズ」となります。私の感覚値では、**最短で1年で第2フェーズへ。そして2年で第3フェーズに到達**します。第3フェーズを経て、応募者のミスマッチを意図的に減らしていく段階を卒業すると、いよいよ、あのフェーズに入ります。

ん？　あのフェーズ？

…思い出していただけましたか？　そうです。遡ること、1章⑥で紹介した**自社が求める高校生からの応募が毎年、安定的に集まる高校新卒採用における『好循環フェーズ』に入っていく**というわけです。

ではなぜ、3つの採用フェーズがあることを知り、**自社が今、どの採用フェーズにあるのか？**　**を知っておく必要があるのか？**　それは、高校新卒採用においては、**各フェーズに適したPR方法があるから**です。わかりやすくいうと、高校新卒採用に取り組み始めたばかりの段階は、当然、自社には、PR物に登場してもらう高校新卒社員すらいない状況なので、この環境下では、社長自ら採用広報大使として立ち上がっていただく必要があります。社長が立ち上がって作成したPR物の代表例が、3章④で紹介した「社長からの手紙」です。

ところが、第2フェーズに入り、実際に高校新卒者が入社してくると、その新入社員を活用したPR物の作成が可能になってきます。3章⑤で紹介した「社員インタビュー」などがその代表となります。

このように、**採用フェーズが上位に進むにつれて、作成できるPR物の幅が徐々に広がり**を見せていきます。そして、**より適したPR物を使って採用広報活動ができるようになる、**というわけなのです。

②ＰＲ資源が限られている第１フェーズで有効なＰＲ方法とは？

「あのー、うちの会社は第１フェーズに該当するので、『社長からの手紙』以外には戦える武器は用意できないということでしょうか？」

「社長からの手紙」だけでも効果絶大なＰＲ物ですが、他にも何かできることがあれば取り組みたい、と考えることは非常にすばらしいことだと思います。そのお気持ちに応えて、こっそり、秘策をお教えます。

その秘策とは…。

「中途入社の中での若手社員」を活用することです。具体的には、**年齢25歳位まで**。もしいなければ、少しくらい年齢を超えていても構いませんので、若く見える方にスポットを当てて、３章⑤で紹介した**「社員インタビュー」の主役に抜擢する**ことです。その際、当然ですが、その中途社員が、あたかも高校新卒入社のように表現してはいけません。ＰＲ物のどこかに、必ず「中途入社」であることを明記してください。その上で、私は**「出身高校名」を表記する**ことをオススメしています。

え？　高校新卒入社じゃないのに、出身高校名を表記して、意味あるんですか？

若手の中途社員にスポットを当てた「社員インタビュー」に出身高校を表記することをアドバイスすると、決まってこのような質問が返ってくるのですが、答えは…イエスです。ここで、少し想像してみてください。ＰＲ物が高校に到着して、最初に目にするであろう進路教員や就職指導員は記載されている高校名を見てどう感じるでしょうか？　おそらくこのように感じるはずです。

「へえー、〇〇高校出身なんだ」

そうです。「へえー、〇〇高校出身なんだ」と感じるのです。

…あの、渡邉さん、馬鹿にしてるんですか？　と呆気に取られないでください。

「へえー、◯◯高校出身なんだ」…進路教員や就職指導員の感想は、この言葉のままです。それ以上でも、それ以下でも以外でもない、ということをお伝えしたかったのです。

そして、別に中途社員だとかそんなことは、誰も気にもしない、ということなのです。

出身高校が記載されていること自体が、進路教員や就職指導員に親近感を与え、PR物の内容に目を通してもらえる確率がグッと高くなり、その結果、社名が認知され、対象高校の中で浸透が始まっていく、というわけです。ですので、高校新卒の新入社員が仮にいなかったとしても、若手の中途社員にスポットを当てて「社員インタビュー」作成をぜひ試みてください。

このような流れで、**第1フェーズにして「社長からの手紙」「社員インタビュー」の2種類のPR物が揃うとよいことがあります**。

少し遡って3章⑥の図14を見て、このページに戻ってきてください。

図23　第1フェーズから最短1年半で、第2フェーズにジャンプアップ可能

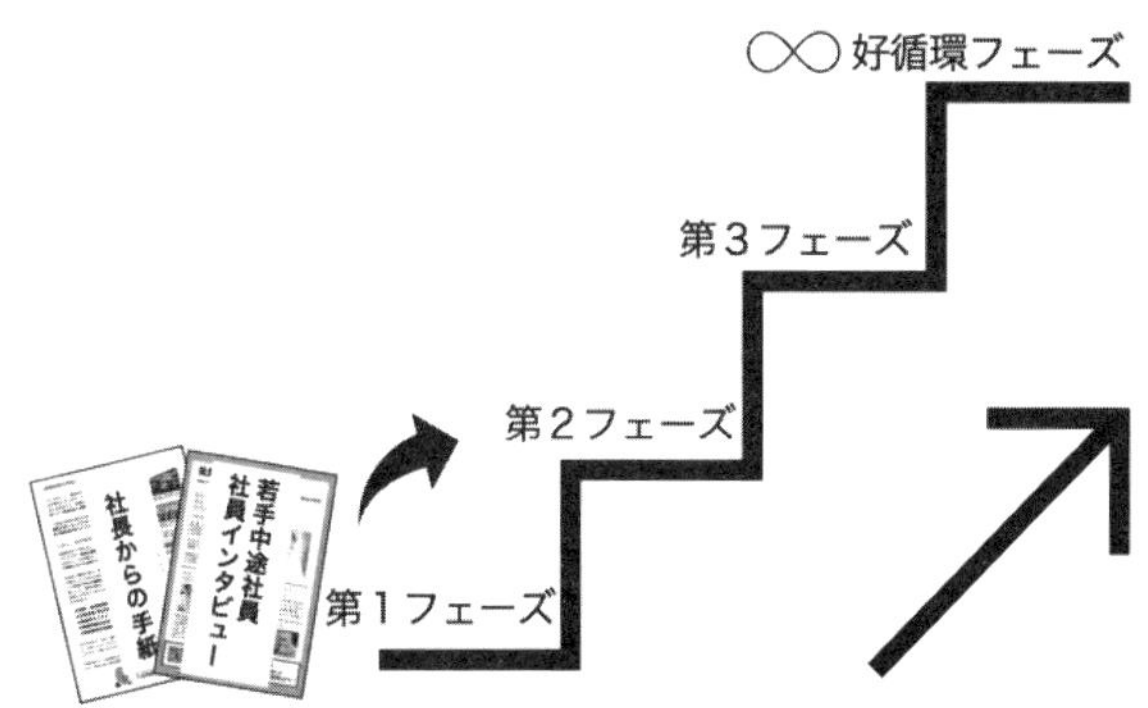

高校新卒入社者が不在の場合でも、若手の中途社員にスポットを当てた
「社員インタビュー」と「社長からの手紙」を作成・活用すれば、
わずか1年半で、第2フェーズにジャンプアップできる可能性が出てくる。

そうです。3章⑥では、第2フェーズで、幅広いシーンで使える「社長からの手紙」の活用を想定して説明したのですが、**うまくいけば、第1フェーズにして、就活に積極的な生徒であるP1・P2層にリーチできる可能性も出てくる**、というわけです。そして、メリットはこれだけではありません。

高校進路指導室に届けるPR物の種類が1種類でも多ければ、第1フェーズから早々に、進路指導室で企業専用ファイルを作ってもらえる可能性も出てきます。

その結果、本書に沿って高校新卒採用広報を開始してわずか1年半で、応募・内定、そして、めでたく高校新卒入社者が誕生し、その社員たちが活躍し始める「第2フェーズ」にコマを進めることさえ出てくるというわけです。

③第2フェーズで有効な進路指導室掲示PR物「ケイジー」とは？

では、続いて、第2フェーズでの活用をオススメするPR物の紹介に移ります。「社員インタビュー」「ケイジー」「ボイシー」そして、「社長からの手紙」です。

え？　「社長からの手紙」って第1フェーズで使うものじゃなかったの？

実は、「社長からの手紙」は第1フェーズだけでなく、その他のフェーズでも、内容を変えることで、幅広く活用できる使い勝手のよいツールなのです。ですので、各フェーズでPR物に困った時は「社長からの手紙」の力に頼ってみてください。

さて、「社員インタビュー」に関しては、3章⑤でくわしく解説しましたので、ここでは割愛することとして、ここからは主に「ケイジー」と「ボイシー」について触れてまいります。それではまず、「ケイジー」からご説明します。**「ケイジー」とは、高校新卒入社者の母校（高校）の進路指導室周辺の掲示板に「先輩紹介」として掲示してもらうことで、出身高校の生徒間での認知・浸透を促進するためのＰＲ物です。**私は、のべ１５００を超える高校を訪問してきたのですが、高校の進路指導室周辺にはたいてい、生徒に向けた情報発信のための掲示板が存在します。その進路指導室周辺の掲示板に「掲示」してもらい、社名の認知・浸透を図るＰＲ物…だから「ケイジー」と呼んでいます。

図24をご覧ください。作り方は、いたってシンプル、次の５ステップです。

（１）スマホを用意する
（２）該当する社員の写真を撮影する（もちろん笑顔の写真！）
（３）図24を参考に、自社のテンプレートを作成する（パワーポイントでもワードでも可）
（４）撮影した顔写真を上部に貼る
（５）顔写真の下部には、社員からのメッセージ（できれば直筆）を添える

たったこれだけでできるＰＲ物なのですが、このケイジー、侮ることなかれ、効果は絶大

図24　「ケイジー」の作り方ポイント

ケイジー作成のポイント

①スマホで顔写真撮影

②新入社員が手書きでメッセージ記入

③A4サイズで印刷

④長く掲示してもらえるために
「ラミネート加工」を施すとグッド！

です。なぜならば、この進路指導室周辺の掲示板に張り出されたケイジーは、極端な話、**３６５日24時間休むことなく、目の前を通る、生徒に対し**てPR活動を行なってくれるからです。

とくに、顔馴染みの**先輩の活躍する姿をケイジーを通じて知った生徒たちには抜群の効果**があります。

「あれ、○○先輩じゃない?」「へえー、○○先輩は△△って会社に就職したんだ〜!」

このような調子で、生徒の間で話題になっていきます。

事実、私が高校生の職業選択フローを調査する目的で高校に入り、就職指導員として生徒に指導を行なっていた時にも、このようなケースに多く遭遇してきました。そして、仮にケイジーを閲覧した生徒の希望している業種や職種に近い会社である場合には、**一気にその生徒の応募先候補に入ることも**あり得ます。そして、何よりも、就職を希望する生徒とって、「先輩が元気に頑張っている会社である」という事実が伝わることは、その**他の企業よりも頭ひとつ飛び抜けるだけの「安心感のある会社」に位置づけられる**というメリットがあります。

ケイジーを作成するメリットは充分に理解できたのですが、作成するタイミングはいつくらいがいいですか？

はい、ケイジーは、**4月に高校新卒社員が入社したら、早々に作成して、出身高校に届けること**をお勧めします。なぜなら、4月早々に作成して、出身高校に届けたケイジーは、うまくいけばゴールデンウィーク前には進路指導室周辺の掲示板に貼り出されます。

そうすると、どうでしょう？

高卒求人解禁の7月までと考えるなら約2ヶ月間、生徒が応募先を決定する夏休みまでと考えるなら、約3ヶ月もの間、**入社したばかりの新入社員であったとしても、母校への採用広報の一端を担う**ことになるわけです。

④恩師に宛てたビデオメッセージレター「ボイシー」とは？

では、「社員インタビュー」「ケイジー」に引き続き、高校新卒採用が進みはじめて、実際に入社者を迎え入れはじめた「第2フェーズ」での活用をオススメする「ボイシー」の紹介と作り方のポイントを解説していきます。

「ボイシー」とは、母校の恩師に向けてのビデオレター付きのお便りハガキ（図25）のことで、作成に着手する前段階で必要なことは、**対象となる高校新卒社員にとっての母校（高校）の「恩師」を選択してもらう**ことです。その際、たとえば、こんな質問を投げかけてみると「恩師」の選定がスムーズになります。

「高校時代、一番お世話になった、今、真っ先に頭の中に思い浮かんだ先生は誰ですか？」

こう質問すると、部活をしていた社員であれば、部活の顧問の先生、帰宅部であったとしても担任の先生や、就活でお世話になった進路教員や就職指導員の先生などの顔が思い浮かぶはずです。ビデオレター付きのお便りハガキである**「ボイシー」は、この真っ先に顔が思い浮かんだ先生を「恩師」として設定**して作っていきます。

ケイジーと同じく、ハガキに掲載する内容は至ってシンプルです。**高校新卒社員の写真を貼り付けて、恩師へ向けてのメッセージを記載したものに、ビデオメッセージにリンクするＱＲコードを貼り付けたハガキ**です。

ビデオメッセージ？　撮影が必要なのですか？　なんだかたいへんそう…。

ボイシーの説明をする際、よくクライアント企業から不安がられるのですが、大丈夫です。あまり、難しく考えないでください。**お手持ちのスマートフォンで、次に紹介する５つの項目に沿って語ってもらい、その模様を撮影するだけ**で、立派なビデオメッセージができあがります。では、５つの項目とは？

（1）〇〇先生、お元気にしていますか？
（2）〇〇年3月に、〇〇高校を卒業した〇〇（氏名）です。
（3）私は現在、株式会社〇〇（会社名）で〇〇（仕事内容）の仕事をしています。
（4）高校生から社会人になり、たいへんなことも多くありますが
（5）〇〇や〇〇に助けられながら頑張っています。

たったこれだけです。このシンプルな5つの項目には、3章⑤（図13）の「社員インタビューの構成要素」でも触れた**「5W1H」と「YES、BUT」の要素が入っております**。ですので、短いメッセージではあるものの受信者が共感し、かつ理解しやすい構成になっています。**この5項目だけでも、元気に語ってもらえれば、もうそれだけで充分なビデオメッセージになる**、というわけです。

そして、撮影した動画データは、ユーチューブにアップロードして限定公開、インターネット上に公開されているQRコード作成ツールを活用すると、スマホカメラでかざすと簡単に動画にリンク（再生される）するQRコードも手に入ります。もし、ユーチューブへのアップロードの方法がわからない場合は、ぜひここは、若手社員に聞いてみてください。おそら

図25　「ボイシー」の作り方ポイント

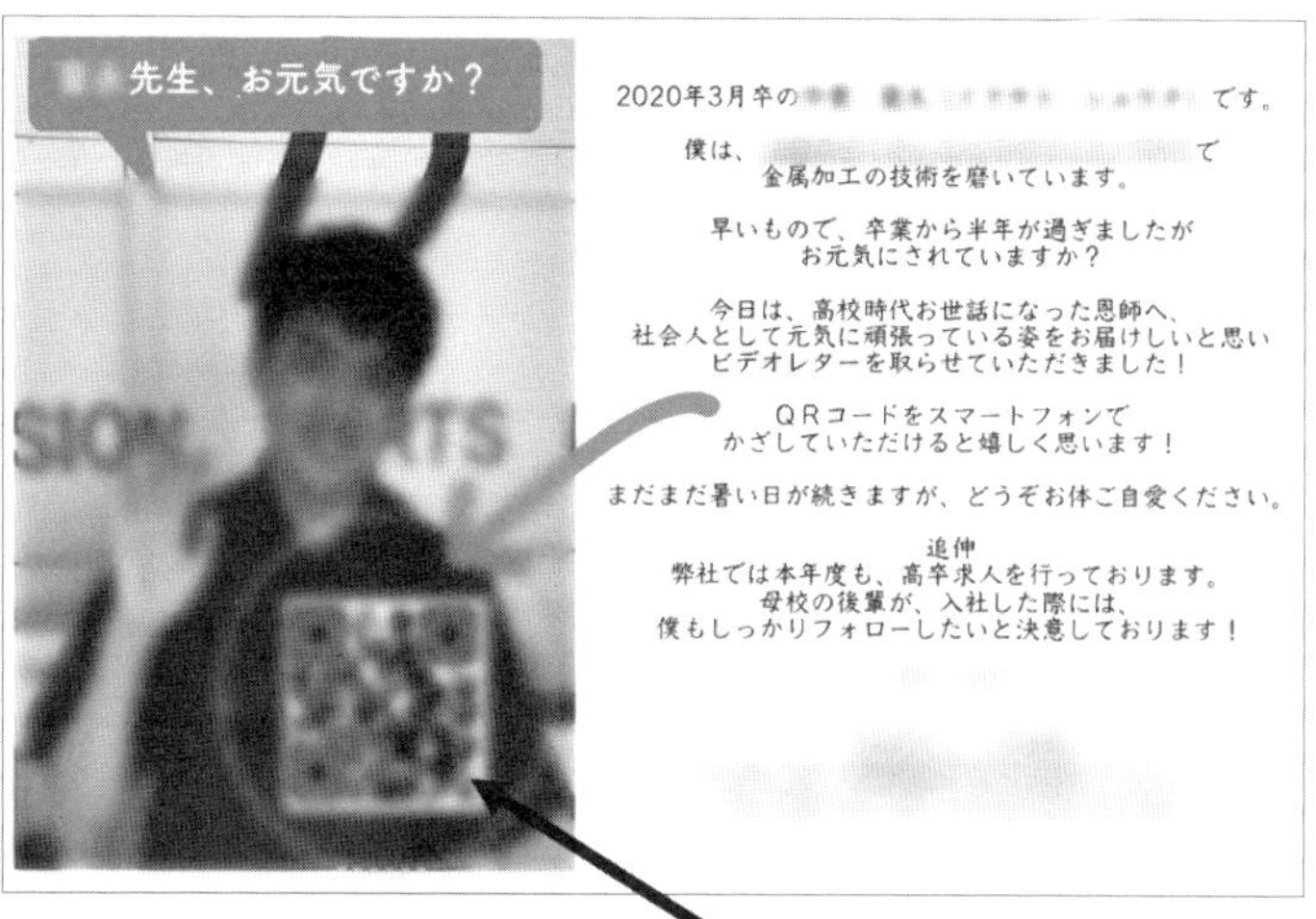

ビデオメッセージをＱＲコードのリンク先に設定

ボイシー作成のポイント

①ビデオメッセージをスマホで撮影する
（この際、５つの項目に沿って語ってもらう）

②撮影した動画をYouTubeにアップロードする
（この際、限定公開にする）

③動画にリンクするＱＲコードを作成する
（インターネット上の無料ＱＲコード作成ツールを活用）

④上のサンプルを参考にしてハガキサイズでボイシーを作成する

もし、YouTubeへのアップロードなどわからなければ、
こういう時こそ、若い社員のチカラを借りよう！

く、スマホ世代の彼・彼女たちにとっては、手慣れた作業のはずです。こういう時こそ、ぜひとも若いチカラを巻き込んで、ＰＲ物の作成に取り組んでみてはいかがでしょうか？

6章

応募のミスマッチを防ぐ「職場見学ムービー」とは?

①第3フェーズに入ったら「職場見学ムービー」の作成に挑戦しよう！

さて、あなたの会社は地道な採用広報の甲斐もあり、実際に高校新卒社員を受け入れるようになりました。そして、ここ数年は安定的に応募前の職場見学や応募の申し込みも入るようになってきました。しかし、一方でさらなる高みを目指すために採用責任者・担当者であるあなたは、新たな目標を設定することにしました。

このように、初めての応募者を獲得するための「第1フェーズ」、実際に高校新卒社員を受け入れる「第2フェーズ」をクリアして、安定的に応募が入るフェーズになってくると、多くの企業が**次なる目標を設定**することになります。それは…

「応募のミスマッチを減らす」という目標です。

言い換えると、これまでの第1、第2フェーズは、まずは高校に認知・浸透を図り、より多くの応募者を獲得する時期だったのですが、第3フェーズでは逆に、**「応募者を絞る」**視点が必要になってきます。第1フェーズの頃から考えると、まったく贅沢な悩みではありますが…。しかし、この局面に入ってくると、**積極的に取り組むべき問題**にもなってくるのです。その理由は、これまでもお伝えしましたが、高校新卒採用においては、**「企業は応募者の書類選考を行なってはいけない」から**です。

高校新卒採用においては、すべての応募者と会って、選考を実施しないといけない、というルールがあります。そして、就職差別をなくすという観点からも、面接時の質問ひとつとっても、さまざまな制約があります。そのため、面接において自社で活躍できる人材であるか否か、の見極めは非常に難しく、新入社員として迎え入れた結果、早期に離職してしまったということをよく耳にすることも事実です。そういった理由から、第3フェーズ以降はとくに「応募のミスマッチを防ぐこと」が重要になってくるというわけです。

「応募のミスマッチを防ぐ」って、そんなことができるのですか？

いい質問です。たしかに、高卒求人票やこれまで紹介してきた文字ベースのPR物では、情報量が限られているので、そう思うのは当然ですが、方法がないわけではありません。たとえば、本書ではあまりオススメはしていないものの、地道な学校訪問を行なう中で、対象高校の進路教員や就職指導員に、口頭で自社が求める人材要件を丁寧に伝えて、目線合わせを行なっていくのも一つの方法です。ですが、この方法では、それなりの時間と、対象高校が存在するエリアが広範囲になればなるほど、移動交通費・宿泊費などの経費も馬鹿になりません。ある程度の、予算が確保でき、高校新卒における採用専任者を設けることができる大手企業であれば可能かもしれませんが、多くの中小企業にとっては現実的ではありません。

これからご紹介する方法は、少し慣れていなければ、若干ハードルが高く感じるかもしれませんが、**お手持ちのスマートフォンで十分に対応できる方法**です。また、地道な学校訪問を行なうことを考えると、**時間も経費も大幅に抑えることができる**はずです。その方法とは…。

「社員紹介メインの職場見学ムービー」（以下、職場見学ムービー）を自社で作ることです。

え？　ボイシーに続いて、また動画ですか…。しかも、「職場見学ムービー」って、ボイシーの時よりも本格的っぽいし、無理ですよ、無理！

そんな叫びが聞こえてきそうですが、きっと大丈夫です。まあ、そう決めつけずに、挑戦してみてください。地道な学校訪問に投じる時間や経費に置き換えると、自社で「職場見学ムービー」を作成する方がはるかに楽です。

先ほどもお伝えした通り、**立派なカメラを用意する必要も、有料の編集ソフト利用を契約する必要もありません**。なぜなら、お手持ちのスマートフォンで、十分に撮影から編集まで可能だからです。たとえば現在、ｉＰｈｏｎｅをお使いであれば、デフォルト（初期設定）でインストールされている無料の動画編集アプリｉＭＯＶＥ（アイムービー）やアンドロイドでも使えるＶＬＬＯ（ブロ）というアプリを使って編集することができます。また、動画の公開にしても、これまた無料の動画公開ツールであるＹｏｕＴｕｂｅ（ユーチューブ）を活用すれば、難なくインターネット上に公開することができます。そうです。**スマートフォンユーザーであれば、動画の作成環境はすでに揃っている**といっても過言ではないのです。

その上で、万一、トライしてみてどうしてもハードルが高そうであれば、若手社員、はたまたお子さんがスマートフォンをお持ちであれば、お子さんにヘルプを出してみてください。最近の若者の多くは、アプリを使いこなし、意外と簡単に動画編集をやってのけます。

②「職場見学ムービー」作成にあたって準備すべきこと

ところで、「高卒求人票やこれまで紹介された紙ベースのPR物よりも、動画にすると情報量が多い、だから、多くの情報を高校に届けることができる」ということは、何となくわかっているのですが、**「職場見学ムービー」を作成することが、なぜ「応募のミスマッチを防ぐ」ことにつながるのか？**　もう少し腹落ちしないと、重い腰が上がりません！

よいご質問、ありがとうございます。その答えは、**求める人物要件を満たした応募者のみが共感**しやすくなるからです。

求める人物要件を満たした応募者のみが共感しやすくなる？　いったい、どういうことですか？

はい、少しわかりやすく言うと、第3フェーズにもなると、すでに高校新卒で入社した若手のモデルとなる、**成長を遂げたヒーロー・ヒロインが誕生**している時期です。その貴社にとってのヒーロー・ヒロインを、「職場見学ムービー」に登場させることで、彼ら、彼女たちが発するメッセージに共感する高校生からのみ応募が入りやすくなってくる、というわけです。

それでは、ここから「職場見学ムービー」を撮影するために準備すべき3つのことをご紹介します。

(1) ヒーロー・ヒロインの選出

若手社員（できれば高校新卒社員）の中で、すでに成長・活躍しているヒーロー・ヒロインを選出する。

(2) インタビュー撮影日時を調整して場所を確保する

インタビュー撮影時間は長めに60分間は確保。撮影場所には、上司や先輩はもちろん、その他の社員の目に触れない（リラックスして話せる）場所を確保する。

（3）　スマホカメラ用の三脚を準備する

インタビュアーがインタビューに集中するために、スマホカメラを固定します。（※ショッピングサイトＡｍａｚｏｎで、２０００円台で販売されています）

いかがですか？　まだまだ準備段階ですが、意外と「職場見学ムービー」が自社で作成できそうな気がしてきませんか？　それでは続いて、「職場見学ムービー」を作るにあたって、ヒーロー・ヒロインから、ターゲットに響くメッセージを引き出すための**最も重要な要素であるインタビュー**について触れていきます。

ん？　ちょっと待ってください。動画を作るにあたって、インタビューが一番重要なのですか？　**撮影技術とか、編集技術よりも、インタンビューが大切**なのですか??

はい。インタビューが一番大切です。そして、その**インタビューにより、どんなメッセージを引き出すか？　が最も大切**になります。

なぜならば、こと中小企業に関しては、あまり撮影技術や編集技術に頼って見栄えをよくするよりも、等身大の**ありのままの姿を高校生に見せることが、「応募者のミスマッチを防ぐ」ことにつながる**からです。とくに、ある程度のアルバイト経験をして社会に出る大学生と異なり、高校生はまだまだ職業観や職業理解が浅い分、華やかさや、格好よさといった、その職業や企業のイメージばかりを先行して伝えすぎると、入社した後に「こんなはずじゃなかった」ということになりかねません。そういった「応募のミスマッチを防ぐ」ためにも、とくに応募が安定的に入り始めて、高校新卒社員が活躍し始める段階である、第3フェーズにある中小企業は「職場見学ムービー」を作成することで、自社のヒーロー・ヒロインに**「仕事の厳しさ」にも言及**してもらい、**等身大の自社を見せていくことが重要**になってくる、というわけです。

イメージばかりが先行する危険性に関しては、実際に私が、高校で就職指導を行なっていた時にもそう感じることが多々ありました。たとえば、賑やかなテレビＣＭを行なう全国的な知名度のある会社から高卒求人票が届いた際、その企業の高卒求人票を目にした生徒に印象を聞くと、こういう言葉がよく返ってきたのです。

「テレビＣＭをよく見ていますが、にぎやかで、楽しそうな会社（仕事）ですよね」と。

このことからもわかるように、採用活動においてイメージばかりが先行してしまうと、入社後の「こんなはずじゃなかった」を招く危険性があるからこそ、等身大の自社を見せていく必要があるというわけです。続く次項では、「職場見学ムービー」を撮影するにあたっての、具体的なインタビューの内容を解説していきます。

③ターゲットが共感する「職場見学ムービー」15の質問

あのー、ところでインタビュアー（インタビューを行なう人）って誰がするのでしょうか？私、うまくインタビューできるか自信がないんですけれど…。

前項ではあれだけ、インタビューの重要性を語ってきましたので、不安なお気持ちもわかります。ですが、これに関しても、**あまり心配しないでください**。ここでは、これまで弊社で幅広い業種・職種の高校生向けの「職場見学ムービー」を作ってきた中で培ってきた**「インタビューの3つのポイント」**をご紹介していきます。この3つのポイントを押さえてインタビューを進めていけば、初めてであったとしても、きっと自社の求めるターゲットが共感するワードをヒーロー・ヒロインから引き出すことができるはずです。

それでは進めていきましょう。

「初心者でもできるインタビューの3つのポイント」とは…。

（1） 15項目の質問に沿ってインタビューを行なう

（2） インタビューで引き出したいMUSTワードを決める

（3） 出演者の声に真摯に耳を傾ける

ではまず、（1）の「15項目の質問に沿ってインタビューを行なう」に関して、参考にしていただきたい質問は左記の通りになります。

Q1　会社名とお名前（フルネーム）を教えてください
Q2　出身高校はどこですか？
Q3　勤続年数、もしくは入社した年を教えてください
Q4　現在、主にどんな仕事をしているのですか？
Q5　入社して1ヶ月はどんな毎日でしたか？
Q6　（入社当時）今だから言える、辛かったこと、不安だったことを教えてください

Q7　入社して一番の失敗談を教えてください
Q8　（Q5〜7の）たいへんだった時期（こと）をどのように乗り越えてきたのですか？
Q9　仕事にやりがいを感じるときはどんな時ですか？
Q10　今すぐに思い出す、入社して一番うれしかったエピソードは？
Q11　入社したての時（1年目）と比較して成長したと思える点は？
Q12　待遇・福利厚生で自慢できることは？
Q13　先輩・上司・社長の人柄や社風について教えてください
Q14　今後の目標を聞かせてください
Q15　あなたにとって（社名）とはどんな存在？

いかがでしたでしょうか？　これなら、初心者の方でもスムーズにインタビューができそうな気がしませんか？

いたってシンプルな15の質問ですが、この中には3章⑤（図13）の「社員インタビュー」や5章④（図25）の「ボイシー」でも紹介した**「5W1H」や「YES、BUT」の要素が入っており、視聴者が共感かつ理解しやすいインタビュー構成**になっているというわけです。

図26　ターゲットが共感する15の質問

Ｑ１　会社名とお名前（フルネーム）を教えてください

Ｑ２　出身高校はどこですか？

Ｑ３　勤続年数もしくは入社した年を教えてください

Ｑ４　現在、主にどんな仕事をしているのですか？

Ｑ５　入社して１ヶ月はどんな毎日でしたか？

Ｑ６　（入社当時）今だから言える、辛かったこと、不安だったことを教えてください

Ｑ７　入社して一番の失敗談を教えてください

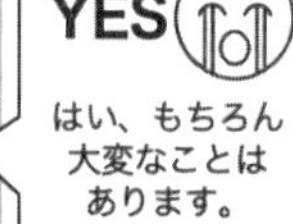

Ｑ８　（Ｑ５～７の）たいへんだった時期（こと）をどのように乗り越えてきたのですか？

Ｑ９　仕事にやりがいを感じるときはどんな時ですか？

Ｑ１０　今すぐに思い出す、入社して一番うれしかったエピソードは？

Ｑ１１　入社したての時（１年目）と比較して成長したと思える点は？

でも、
頑張れる理由が
あるんです！

Ｑ１２　待遇・福利厚生で自慢できることは？

Ｑ１３　先輩・上司・社長の人柄や社風について教えてください

Ｑ１４　今後の目標を聞かせてください

Ｑ１５　あなたにとって（社名）とはどんな存在？

仕事の厳しさ（Q5～7）にもしっかりフォーカスして質問することで、応募者のミスマッチを減らすことにもつながる！

とくにQ5〜7では、第3フェーズにある企業が応募のミスマッチを減らすために、あえて**「仕事の厳しさ」をきちんと打ち出す**ことにもフォーカスしています（図26）。このエッセンスを加えることにより、「仕事のリアル」を多少なりとも受け止めたうえで、「それでも応募したい！」という志の高い生徒からの応募が見込めるようになるというわけです。

④インタビューで引き出したいMUSTワードを決めよ！

ところで、今さらの質問なのですが、**シナリオ（台本）って必要ないんですか？** ほら、出演者に絶対語ってもらいたいことだとか、会社としてあるじゃないですか…。

結論を申し上げます。本書で紹介する「職場見学ムービー」のインタビュー撮影には、**シナリオ（台本）はあえて用意しません**。というか、用意してはいけません。

その理由は、私はこれまで幅広い業種・職種で高校生向けのインタビュー動画を撮影してきましたが、**シナリオを用意すると9割方、いわゆる「言わされている感」が出てしまい**、出演者自らの言葉ではなくなってしまいます。とくに最近の動画慣れした若い視聴者は、そう感じた瞬間に即、離脱します。そのため、私はシナリオ（台本）を用意せず、その代わりに企業がターゲットに**必ず伝えたい、MUSTワードを把握する**ことにしています。

ＭＵＳＴワード？

はい、わかりやすく言うと、**ターゲットに響くであろう、必ず伝えるべき、自社のPRポイント**です。たとえば、遠方からの応募者をターゲットにするのであれば、住宅補助や社宅などの「住環境」について語らなければ、応募候補企業に入ることはありません。また、専門学校に進学して自動車整備士（国家資格）を取得しようか迷っている生徒をターゲットに定めるのであれば、「資格取得支援制度」について触れ、さらに、欲を言えば、実際にどれくらいの数の先輩たちがその制度を活用して、国家資格を取得しているのか？　などを語ってもらう必要が出てきます。

「職場見学ムービー」のインタビュー撮影を実施する前には、**インタビュアーは必ずこのMUSTワードを整理し、選定**しておく必要があり、これをいかに**自然にヒーロー・ヒロインの口から語ってもらえるか？**がインタビュー撮影では重要になってきます。

自然に語らせるって、難しくないですか？　一気にハードルが上がったような…（汗）。

まあ、そう心配しないでください。**MUSTワードを引き出すにはコツがあります**。主には先ほど紹介した15の質問の「Q12（待遇・福利厚生で自慢できることは？）」で、さらに付け加えて、質問していけばうまく引き出せます。（図27）

たとえば、遠方からの応募者をターゲットにしているのであれば、こう深掘りしてみてください。

「この動画を見ている高校生の中には、もしかしたら遠方から一人暮らしを考えているという生徒もいるかもしれません。そういった高校生が興味を持つ自社のPRポイントって、何かあったりしますか？」

こう投げかけると、10人が10人、思い出したかのように「あっ、そういえば、うちの会社は一人暮らしするにはもってこいの環境です。入居にかかる諸費用は一切、自己負担もありませんし、毎月の家賃は半額を会社で負担してくれるので、助かっています」

図27　ＭＵＳＴワードを引き出すコツ

Ｑ１　会社名とお名前（フルネーム）を教えてください
Ｑ２　出身高校はどこですか？
Ｑ３　勤続年数もしくは入社した年を教えてください
Ｑ４　現在、主にどんな仕事をしているのですか？
Ｑ５　入社して１ヶ月はどんな毎日でしたか？
Ｑ６　（入社当時）今だから言える、辛かったこと、
不安だったことを教えてください
Ｑ７　入社して一番の失敗談を教えてください
Ｑ８　（Ｑ５～７の）たいへんだった時期（こと）を
どのように乗り越えてきたのですか？
Ｑ９　仕事にやりがいを感じるときはどんな時ですか？
Ｑ１０　今すぐに思い出す、
入社して一番うれしかったエピソードは？
Ｑ１１　入社したての時（１年目）と比較して
成長したと思える点は？

Ｑ１２　待遇・福利厚生で自慢できることは？

Ｑ１３　先輩・上司・社長の人柄や社風について教えてください
Ｑ１４　今後の目標を聞かせてください
Ｑ１５　あなたにとって（社名）とはどんな存在？

**住宅補助や社宅などの住環境情報や
資格取得費用補助など資格取得支援の制度など
ターゲットに響くＰＲポイント
（MUSTワード）を拾い上げることが重要！**

これはあくまでも一例ですが、**少し深掘りするだけで、このようなMUSTワードが自然に引き出せる**というわけです。このように「職場見学ムービー」の作成にあたっては、事前にターゲットに響くであろう**MUSTワードを整理しておき、インタビューの中で出演者の口から自然にピックアップしていく**ことが大切なポイントになります。

⑤インタビュアーの心構え

前項では、「初心者でもできるインタビューのポイント」の2つ目である「インタビューで引き出したいMUSTワードを決める」ことの重要性を解いてきました。ここでは、ポイントの3つ目である「**出演者の声に真摯に耳を傾ける**」ことについてご説明していきたいと思います。

ここで、少し想像してみてください。

たとえば、あなたは自分の話を一所懸命に聞いてくれる人に、どんな感情を抱きますか？

私の場合、その気持ちに応えたいという感情が芽生え、相手が飲み込みやすいように、丁寧に言葉を選びながら説明をすると思います。

あなたはどうでしょうか？

多くの場合、私と同様に相手に好意を抱いた場合、その気持ちに真摯に応えたいというパワーが自然に働くのではないでしょうか？

そうです。**一所懸命な気持ちに対しては、一所懸命な思いが返ってくる**…考えてみれば、当然のことなのですが、私自身もこれまで、さまざまな中小企業の職場見学ムービーを作成する際に、何度もインタビュアーを経験してきたのですが、もちろん技術や経験はあるに越したことはありません。ですが、それ以上に**大切なことは「出演者の声に真摯に耳を傾ける」というインタビューに臨むスタンス**だということに気づきました。

渡邉さん、さっきから、「出演者の声に真摯に耳を傾ける」って言いますけど、それ自体がなかなか簡単なことではない、と思うのですが、何かよい方法はありませんか？

そんな心の声も聞こえてきそうですので、少し気恥ずかしいのですが、**私がインタビューに臨む際に行なっている「おまじない」**をご紹介します。その「おまじない」とは…。

「これから私が、**インタビューを行なう◯◯さんは、私にとって、とても大切な親友です**」と自分自身に言い聞かせてインタビューに臨むことです。

え？　それなんですか…なんだかスピリチュアルっぽい（笑）。

しかし、この「おまじない」を軽んじてはいけません。このおまじないをインタビュアーが自分自身にかけることで、出演者との間では、このような変化が訪れるからです。

まず、自身に言い聞かせたこの言葉により、インタビュアーの目がにわかに輝き、表情が穏やかになっていきます。そして、目の前の出演者は、インタビュアーの表情を見て、安心感を覚え、リラックスしてインタビューに応える場の雰囲気が整っていくわけです。その結果、**真摯に耳を傾けるインタビュアーの思いを受けて、出演者もそれに応えてくれます**。

最終的には、シナリオや台本を用意して作られた「言わされている感」のある動画とは異なり、**出演者自らの言葉で語る、ターゲットに共感を与える「職場見学ムービー」**ができる、というわけです。これこそが、本章②で説明した動画を作るにあたっては、**撮影技術や編集技術といった制作技術面よりもインタビューが大切**である、と私が考える理由であります。

さて、本章では、第3フェーズにおいて応募のミスマッチを減らすために「職場見学ムービー」が有効であることの説明とともに、作成ポイントをお伝えしてきましたが、具体的な編集方法等には一切触れておりません。

読者の中には、「そこが一番知りたい！」という方もいるかもしれませんが、本章①でも触れた通り、編集方法で困ったら、とりあえず、周りの若手社員やお子さんがスマートフォンをお持ちであれば、若い世代にヘルプを出してみてください。意外と何とかなるものです。

適当なこと言うなよ…。

そんな声が聞こえてきそうですが、これは何も私が感覚で言っているわけではありません。実際に、日常生活の中で私自身がそう感じることがあるからです。現に中学生、高校生になるうちの子どもたちは、「お父さん、これ見て、見てー」とニコニコしながらスマホを差し出し、時に目を疑うような自作動画を見せてくれることがあります。このことからもわかるように、若いスマホ世代は、スマホやスマホアプリの使い方に長けています。困った時には、ぜひ彼ら、彼女たちの力を借りてみてはいかがでしょうか。

7章

高校新卒採用力の構成要素を理解すべし！

①高校新卒採用における採用力の構成要素を理解しよう！

「郵送PR物をしっかり作り込んでいけば、大企業のように学校訪問を行なえなかったとしても、高校新卒採用がうまくいくことが理解できました。早速、進めていきます！」

いい感じですね。その調子です。でも、ちょっと待ってください、さらに一歩深く〝あること〟を理解することによって、貴社の高校新卒採用をさらに短期間で軌道に乗せる可能性が出てきます。

あること？

はい、それは**「高校新卒採用における採用力の構成要素」**のことです。高校新卒採用における採用力とは文字通り、企業が兼ね揃えている高校新卒採用における採用レベルのことなのですが、その構成要素を理解し、改善可能な箇所に手を加えることで、採用力のレベルアップを図ることができます。図28をご覧ください。高校新卒採用における採用力とは主に、**「企**

図28 高校新卒採用における採用力の構成要素

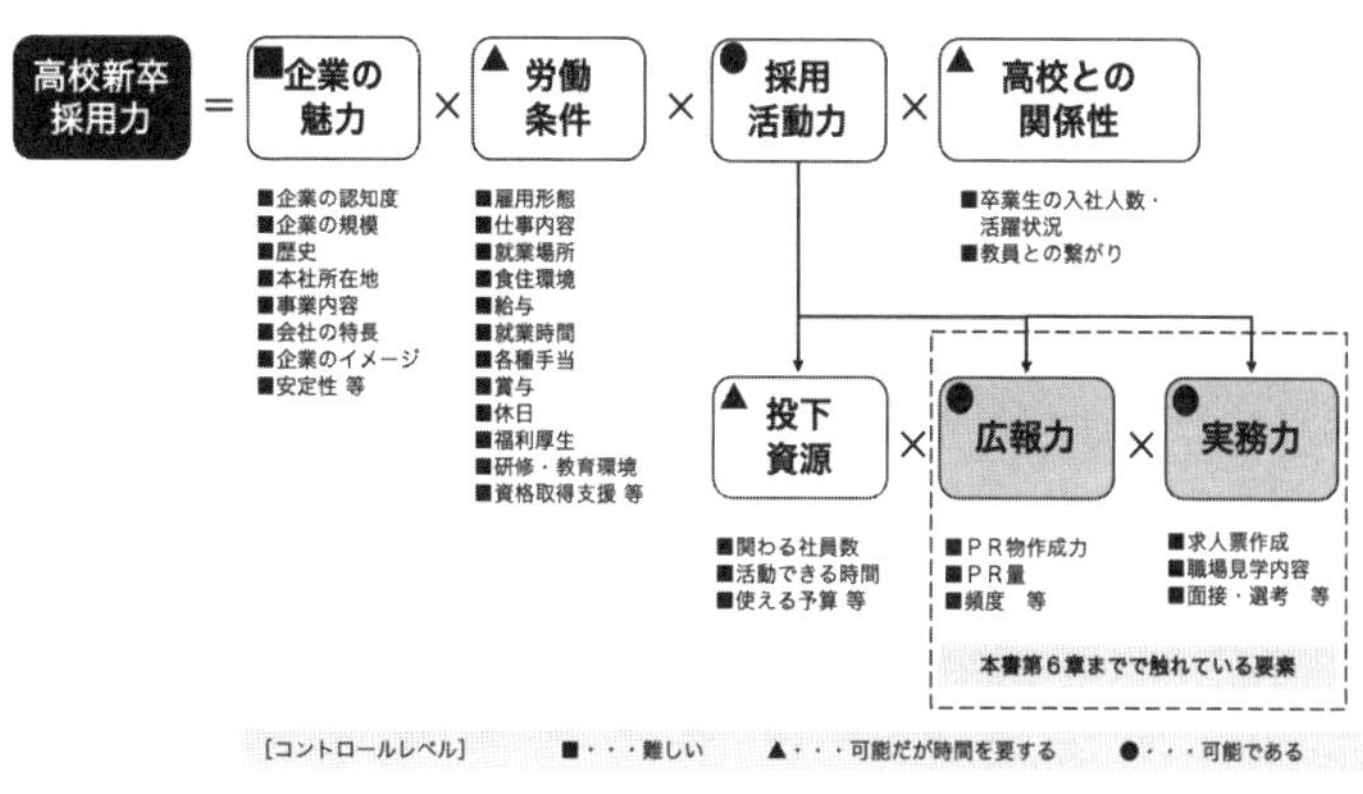

業の魅力」「労働条件」「採用活動力」「高校との関係性」の４要素で構成されています。それでは、それぞれを解説していきます。

「企業の魅力」とは、企業イメージや認知度をはじめ、規模、安定性や歴史、そして高卒求人票のフリースペースにも記載可能である事業内容や会社の特長、また本社所在地など、平たく言えば、教員・生徒・保護者から見て、**安心して就職できる会社なのか？　否か？　を指し示す要素**です。ちなみに、この「企業の魅力」は、高校新卒採用に限らず、採用力を構成する要素の中でも、とくに**コントロールすることが難しい**要素であると言われています。

そして、次に**「労働条件」とは**仕事を行なうにあたっての諸条件のことです。具体的には、正社員なのか？　契約社員なのか、といった雇用形態から仕事の内容、場所、給与や賞与、そして待遇、福利厚生、とくに進路教員や就職指導員、意識の高い生徒にとっての関心事でもある、入社後の資格取得支援内容、研修・教育環境も、ここではこの労働条件に含まれるものと位置付けています。「労働条件」は1つ目の構成要素である「企業の魅力」と比較すると、改善する場合、社内検討などで**時間は多少かかるものの、コントロール（改善）が可能な要素**になります。

3つ目の**「採用活動力」は、細かく「投資資源」「広報力」「実務力」の3つの要素**で成り立っています。「投資資源」とは、主に採用活動に費やすことができる予算・人員・時間。「広報力」とは、本書でこれまで触れてきた採用広報に必要となるPR物の作成、そしてPRの量、頻度のことです。「実務力」とは、実際の採用・選考に関わる業務遂行スキルのことです。ちなみに図28では、高卒求人票の作成は「実務力」に該当するとしていますが、これに関しては高卒求人票の中でも、表現の自由度の高いフリースペースをうまく活用することで、ターゲットに、より刺さりやすいアレンジを加えることができる、という観点においては「広報力」にも該当すると私は考えています。この**「採用活動力」に関しては、1つ目の「企業の魅力」、2つ目の「労働条件」と比較するとコントロールがしやすい要素**になります。

その理由として、「採用活動力」を構成する「投下資源」の改善には多少の時間を要するものの、**「広報力」「実務力」に関しては、採用責任者や担当者レベルの意思で押し進めやすい分野**であると言えます。そういった意味で、**とくにコントロール可能な要素**であり、**現場レベルで改善がしやすい要素**であるため、前6章までとくに力を入れて解説してきた、というわけです。

そして、最後に**4つ目の「高校との関係性」**ですが、これは、高校新卒採用を進める中で、実際に高校新卒社員が誕生する第2フェーズに入ると、出身高校との関係性が強化されます。その理由としては、シンプルですが教員目線では「卒業生が活躍している」＝「安心して生徒に紹介できる会社」となるためです。また、生徒目線でも保護者目線でも、これは同じことが言えるのですが、この「高校との関係性」に関しては、一朝一夕には強化できるものではないので、**改善はできるものの、時間を要する要素**として位置付けています。

と、ここまで、駆け足で「高校新卒採用における採用力の構成要素」の解説をしてきましたが、いかがでしょうか？　全体像がご理解いただけましたでしょうか？　それぞれの構成要素を理解しておくことで、**「今、自社においてどのような改善が必要であるか？」「それは**

改善可能な要素であるか？」を俯瞰して判断することができるはずです。

②ＰＲ対象高校を増やして、広報力をレベルアップさせよう！

「これまで、会社の近隣の高校数校にのみ高卒求人票を届けることはやっているのですが、さっぱり応募がありません。どうしたらいいのでしょうか？」

これは、高校新卒採用には取り組んでいるものの、応募自体がなかなか入ってこない第1フェーズにある企業の経営者や採用責任者の口からよく耳にする質問です。こういった場合、前項の採用力の構成要素「採用活動力」のひとつである「広報力」を高めるという意味で、**「ＰＲ対象高校の数を可能な限り増やしましょう」**とアドバイスしています。

ＰＲ対象高校を増やす？

はい、具体的には次の3項目を見直して、ＰＲ対象高校を増やすことを提案しています。

(1) 学科条件を緩和する

（2）高校ごとの就職者数を正確に把握して選定する

（3）対象エリアを広げる

それでは、ひとつずつ解説していきます。

まず、**「（1）学科条件を緩和する」**に関してですが、第1フェーズで苦戦している会社の多くは、PR対象高校を選定する際に**学科で絞り込みをかけすぎている**ケースが目立ちます。

学科で絞り込みをかけすぎている？　というと？

はい。わかりやすくいうと、たとえば、会社の事業内容がモノづくりや建設関係であれば、単純に親和性の高いと思われる工業系の高校だけをPR対象にしている、といった場合や、調理に関わる仕事の募集であるために、調理科が存在する高校だけを対象にしている。このようなケースが多々見受けられます。しかし、4章②（図16）でご紹介した、求める人物要件をヒアリングしていくと、特別な資格は必要なかったり、未経験でも問題はなく人物重視で採用しているなど、**そもそも学科を限定する必要がない場合がほとんど**なのです。こうした場合には、**学科縛りをなくして、普通科系の高校なども対象高校に加える**ことをオススメしています。

現に、私の知るところでも、商業系高校から建設会社の技術職に応募があったり、パティシエ（製菓）コースに学んだ生徒が、まったく畑違いの自動車の整備職に応募するなど、学ぶ学科やコースと関係のない求人に応募する、といったケースも散見されます。

では、次に**「(2) 高校ごとの就職者数を正確に把握して選定する」**についてですが、第一フェーズでつまずいている企業の多くは、感覚で「何となく就職者が多そうな高校」をターゲットにしている傾向があります。さらになかには、高校新卒採用を担当する方が、若かった頃の近隣高校へのイメージのままにＰＲ対象高校を選定していることもよくある話です。

そのような感覚やイメージでＰＲ対象高校の絞り込みを行なうのではなく、**きちんとしたデータに基づいて対象高校を選定する**ことをオススメします。

具体的には、厚生労働省安定局がインターネット上で提供している**「高卒就職情報ＷＥＢ提供サービス」の中にある「全国高等学校便覧」を活用**してみてください。この「全国高等学校便覧」の中にある都道府県ごとの高校の就職関連データ（Ｅｘｃｅｌ形式）をダウンロー

図29　高校の就職関連データをダウンロードする方法

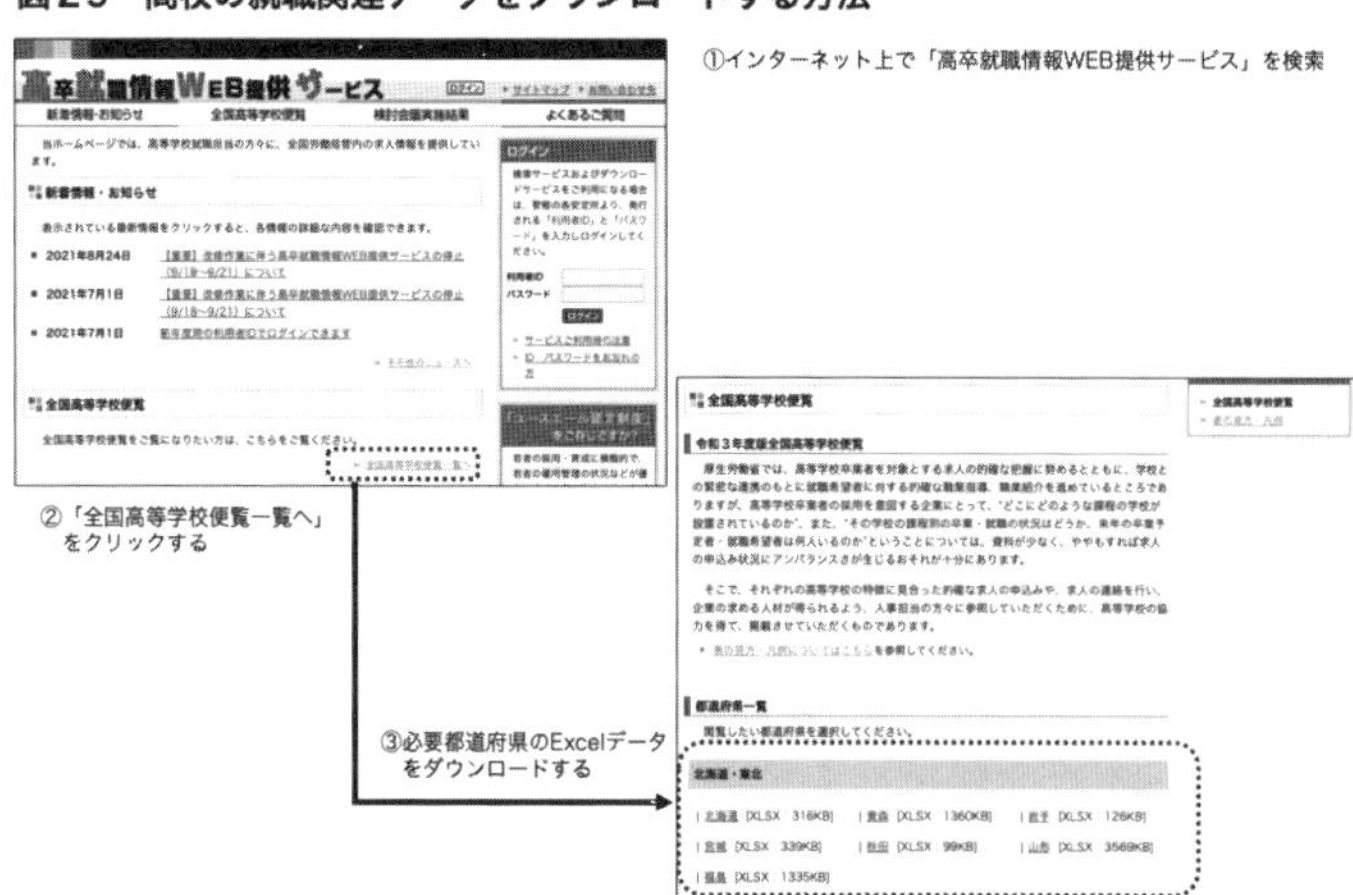

出所　高卒就職情報WEB提供サービス
https://koukou.gakusei.hellowork.mhlw.go.jp/index.html

ド（図29参照）して、正確な就職者数を把握した上での対象高校の選定をオススメします。

それでは、最後に**「（3）対象エリアを広げる」**に関してですが、これを行なう意図としては、当然、高校進路指導室の向こう側に存在するであろう**PRの対象となる就職希望生徒の母数を増やす**ためです。

とくに、就業場所が、その地方や都道府県の中心部に近いのであれば、地方や都道府県全域からの応募が見込めるし、仮にローカルエリアに就業場所が存在していたとしても、1章⑤で、ご紹介した株式会社セイブのように適切なPRを行なっていけば、離島を含む遠方から応募が入ってくる可能性だって充分にあるというわけです。

ぜひこの3項目を参考にして、PR対象高校（PR量）を増やすという角度からも自社の「広報力」を強化することをオススメします。

③「住」と「食」に関するサポートを行なうと高校新卒採用は最短で軌道に乗る！

「しかし、エリアを広げてPR対象高校を増やしても、一人暮らしが必要なため、社宅を用意するなど、住環境面でのサポートなしに応募は見込めないのでは…？」

結論から申し上げます…はい、その通りです。エリアを広げて、PR対象高校を増やす場合には、**住居に関するサポートは必須**です。

はい、その通りです、って、サラッと言いますけれど、そんなに簡単にできませんよ…。

さらに、もうひとつ付け加えると…。

えっ…まだ、何かあるんですか？

「衣食住」のうち**「住」に関してだけでなく、「食」に関するサポートができると、さらに、さらにGOOD**です。

さらに、さらにGOODって…。そんなに、簡単に言わないでくださいよ…。

まあまあ、あまり重く考えないでください。このような話をすると、たとえば、「住」に関しては**「社宅はさすがに用意できませんよ」といった言葉がよく返ってくるのですが**、サポートと言っても、必ずしも会社が社宅を用意したり、入居にかかる諸費用や、毎月の家賃を全額、もしくは高い割合で負担（支援）する必要があるわけではありません。そして、そもそも**費用面だけでの支援がサポートではありません**ので、いったんその「サポート＝会社の費用負担」という思考から抜け出す必要がありそうですね。

「サポート＝費用負担」という思考から抜け出す？

はい、たとえば、**入社前の住居選びを支援する情報を会社が積極的に提供するだけでも、広い意味で立派な「住」に関するサポート**です。ここで、少し想像してみてください。たと

図３０　マズローの五段階欲求説

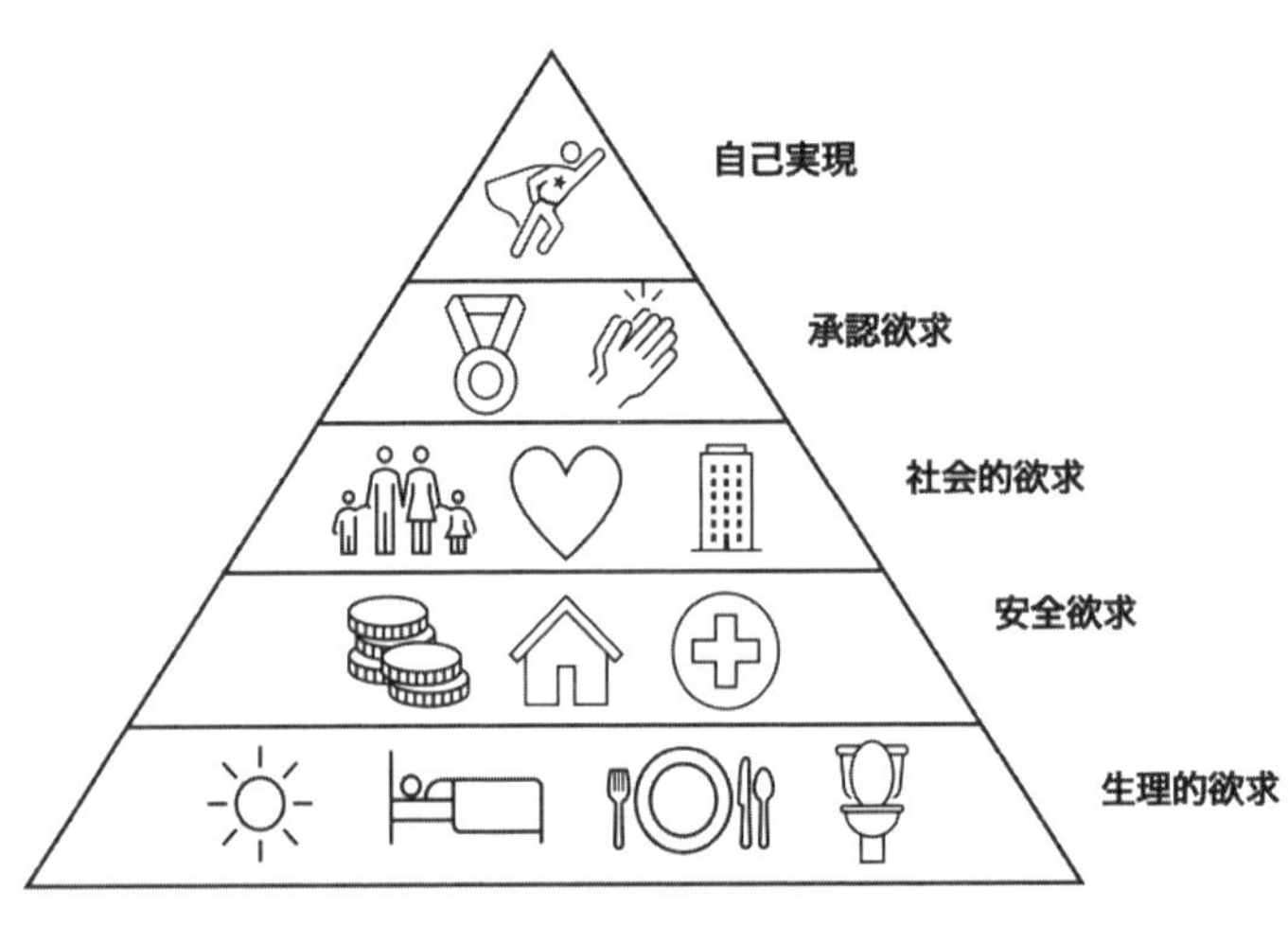

えば、**遠方から、土地勘のない場所に18歳のわが子を送り出す保護者の目線**に立ってみてください。

多くの場合、入社後のわが子の生活を想像し、問題なく生活していけるのか？　ちゃんと、ご飯を食べて生きていけるのか？　まずは、これが最大の関心事になるのではないでしょうか？

そして、その次に住む場所の治安のよさだとか、都心部への利便性だとか、いわゆるマズローの**5段階欲求説（図30）に基づいて、保護者の関心事のレベルも上がっていく**ものだと私は考えています。

ですので、18歳のわが子を遠方の知らない土地に送り出す保護者の立場に立つと、**その関心**

事に応える情報提供を積極的に受け入れる会社が行なうだけでも、保護者のハートをしっかりと掴みとる効果があると言えます。

たとえば、これは「食」に関するサポートにも関連することなのですが、自炊するための食料品を安価で調達できるディスカウントストアがある場所や、自炊ができないときでも、コスパよく食事が摂れる、社員に人気の定食屋が存在する場所など、内定者が住居を選ぶ際のエリア選定の判断材料となる就業場所周辺のリアルな情報提供を行なう、もしくは、地元の不動産屋の協力を得て、このような目線でのエリア選定、物件選定を依頼するなど、**「住居選びのアドバイス」という角度から情報面でのサポートを行なう**といったことです。

中小企業は、このような「住」と「食」に関する情報面でのサポートを細やかに行なうことで、**仮に大手企業のように社宅を準備したり、家賃の補助金額の割合を高く設定できなかったとしても、保護者をはじめ、就職を考える生徒を惹きつけることはできる**のです。

さらに言えば、このような、**「細かな心遣いができる会社である」**ということが伝われば、遠方からの就職希望高校生だけでなく、近隣の自宅から通勤可能な就職希望高校生からの応募も増えていく可能性が高くなるというわけなのです。

④22歳時の輝けるキャリアパスモデルを用意しよう！

「高校新卒社員をきちんと定着させて、育成していくためにもキャリアイメージを指し示す必要性を感じているのですが、何かよい方法はありますか？」

これは、実際に高校新卒入社者の受け入れが始まった第2フェーズにある中小企業の経営者や採用責任者からよくある質問です。こう聞かれた場合には、私は、**22歳時をイメージさせるキャリアパスモデル（18歳のキャリアパス）**を作成することをアドバイスしています。

22歳時をイメージさせるキャリアパスモデル（18歳のキャリアパス）…ですか？

はい、キャリアパスとは、わかりやすくいうと社員のキャリアアップの道筋です。目指すゴールへ向けて、どのような経験・知識を身につけていけばよいのか？を可視化して指し示したものをキャリアパスモデルと呼んでいます。**高校新卒社員へのキャリアパスモデルに**

関しては、４年後の22歳時へ向けて作成することがポイントになります。

４年後？　なぜ、22歳時なのでしょうか？

よい質問ですね。ありがとうございます。**なぜ、４年後なのか？　それは、大学へ進学した同級生たちが社会人デビューをはたす時期だから**です。高校新卒社員にとっては、大学に進学した同級生たちは、「社外のライバル」とまではいかないにしても、やはり「負けたくない」と心のどこかで思う存在です。

実際に、弊社で高校新卒採用を支援している中小企業で活躍する高校新卒社員との世間話の中で、「大学に進学した同級生はどんな存在ですか？」といったざっくりした質問を投げかけてみると、多くは「そうですね、負けたくないですね」というニュアンスの言葉が返ってきます。それは、何も、大学に進学した同級生たちを妬んでいる、といったネガティブな意味からではありません。多くの場合、「せっかく、**一足先に社会に出たのだから、４年後には差をつけておきたい**」といったポジティブな思いから出てくる言葉のようです。

このことからもわかるように、多くの高校新卒社員は、たとえ口には出さないにしても、心のどこかで**「大学に進学した同級生たちには負けたくない」**という思いを抱いているものです。なので、「4年後の22歳時に輝けるキャリアパスモデル（18歳のキャリアパス）を作る」ということは、単にキャリアアップのイメージを指し示すツールとしての役割だけではなく、**彼ら、彼女らの胸に秘めた思いに火を着ける**という大きな意味もあるというわけです。

このことだけでも、大きな価値があるわけですが、「4年後の22歳時に輝けるキャリアパスモデル（18歳のキャリアパス）を作る」メリットはこれだけではありません。せっかく作成したキャリアパスモデルは社内だけで共有するのではなく、**高校へのPR物としてもぜひ活用**してみてください。

1章①で「大学全入」について触れたことを覚えていますでしょうか？　少子化による18歳人口の減少により、大学の定員割れが起こった結果、多少学力が低くても、進学先を選り好みさえしなければ、大学進学ができる状況を意味した言葉です。この「大学全入」は、高校新卒採用に取り組む中小企業にとって、何を意味しているか？　少し考えてみてください…。

そうです。**もはや、多くの大学や専門学校、短大などの上級学校は、高校新卒採用に取り組む中小企業にとってのライバル**、そうです、採用競合にもなり得るということなのです。

この事実を踏まえて、大学や専門・短大といった上級学校に進むよりも、「輝ける未来」をキャリアパスモデルを通して指し示すことができれば、本来、**進学を考えていた高校生をも振り向かせることができる可能性**すら出てくる、というわけです。

たとえば、進学をせずとも「働きながら国家資格をはじめとする資格取得が可能」であれば、この事実を打ち出すだけでも、図28で示した高校新卒採用力の4要素のうちの「労働条件」が一気にレベルアップし、自然、貴社の高校新卒採用力は強化されることになるわけです。さらに、「お給料をもらいながら、資格が取得でき、しかも大学に進学した同級生たちが社会に出る22歳時には、あなたはすでに役職者として活躍できる可能性がある」といった発信ができるのであれば、さらに、貴社が進学を考えていた高校生をも惹きつける存在にもなり得るというわけです。

そして、「4年後の22歳時に輝けるキャリアパスモデル（18歳のキャリアパス）を作る」メリットは、もうひとつあります。

それは、**既存社員の意識の向上**です。高校新卒社員向けのキャリアパスモデルを作ることで、迎え入れる**既存社員たちに「育てる」という自覚を持たせる**という大きな意味合いも持っており、そういった意味において既存社員の教育にも一役買う、というわけです。

⑤社長が高校新卒採用に関わることが一番の近道

さて、早いもので本書も終盤に差しかかってきました。この7章では、高校新卒採用における採用力の構成要素に触れ、ここまで、自社で比較的簡単に取り組める採用力のレベルアップの方法をいくつかご紹介してきました。図28でも示した通り、高校新卒採用力を構成する各要素は、左記の通りコントロール（改善）レベルを3段階に区別することができます。

（1）難しい
（2）可能だが時間を要する
（3）可能である

このうち、本書の6章までは、採用担当者レベルの判断でコントロール（改善）可能である（3）に該当する「広報力」「実務力」についてフォーカスしてきました。ここでは、コントロール（改善）可能であるものの時間を要する（2）に該当する要素にスポットを当ててお話をしたいと思います。

それでは、コントロール（改善）可能であるものの時間を要する（2）に該当する要素を、図28で改めて確認してみてください。

（2）に該当する要素は「労働条件」、そして採用活動力のひとつである「投下資源」、最後に「高校との関係性」の3つです。このうち、「高校との関係性」に関しては、高校へ向けての採用PR活動を通して、基本的には高校新卒入社者が誕生しなければ強化されない要素となるので、ここではいったん触れないこととして、それ以外の2つ**「労働条件」「投下資源」に関して、ここを短期的にテコ入れするための一番の方法**をお伝えします。それでは、単刀直入に申し上げます。それは、ズバリ…。

社長が、高校新卒採用に関わることです！

もう少し丁寧にお伝えすると、事業規模が大きく、社長が高校新卒採用に関わることが無理な場合は、この2つに関して意思決定権を持っている経営層が、高校新卒採用に関わることが重要です。そうすれば、**改善が必要と判断される事項に関してのテコ入れがスムーズに行なわれ、効率よくかつ短期間で、御社の高校新卒採用は軌道に乗る可能性が出てくる**からです。

事実、私が直接支援を行なうクライアント企業では、大半の企業で社長、もしくは意思決定権を持つ経営層と会って、直接のやり取りをする機会を多く設けています。

では、なぜ、ここまで**社長や、意思決定権を持つ経営層に高校新卒採用に首を突っ込んでいただく必要があるのか？**という根本的な理由をご説明します。それは、高校新卒採用は**タイミングを逃すと、1年間を棒に振るため**です。

タイミングを逃すと、ってどういうことですか？

はい、2章④の「高校生の採用選考スケジュール」のおさらいにもなるのですが、企業からハローワークへの高卒求人票の申込受付開始日は毎年6月1日。そして、ハローワーク確認済みの高卒求人票を受け取って、高校へ送付が可能となる解禁日が7月1日です。さらに、

図31 高校新卒採用における採用力の構成要素（続編）

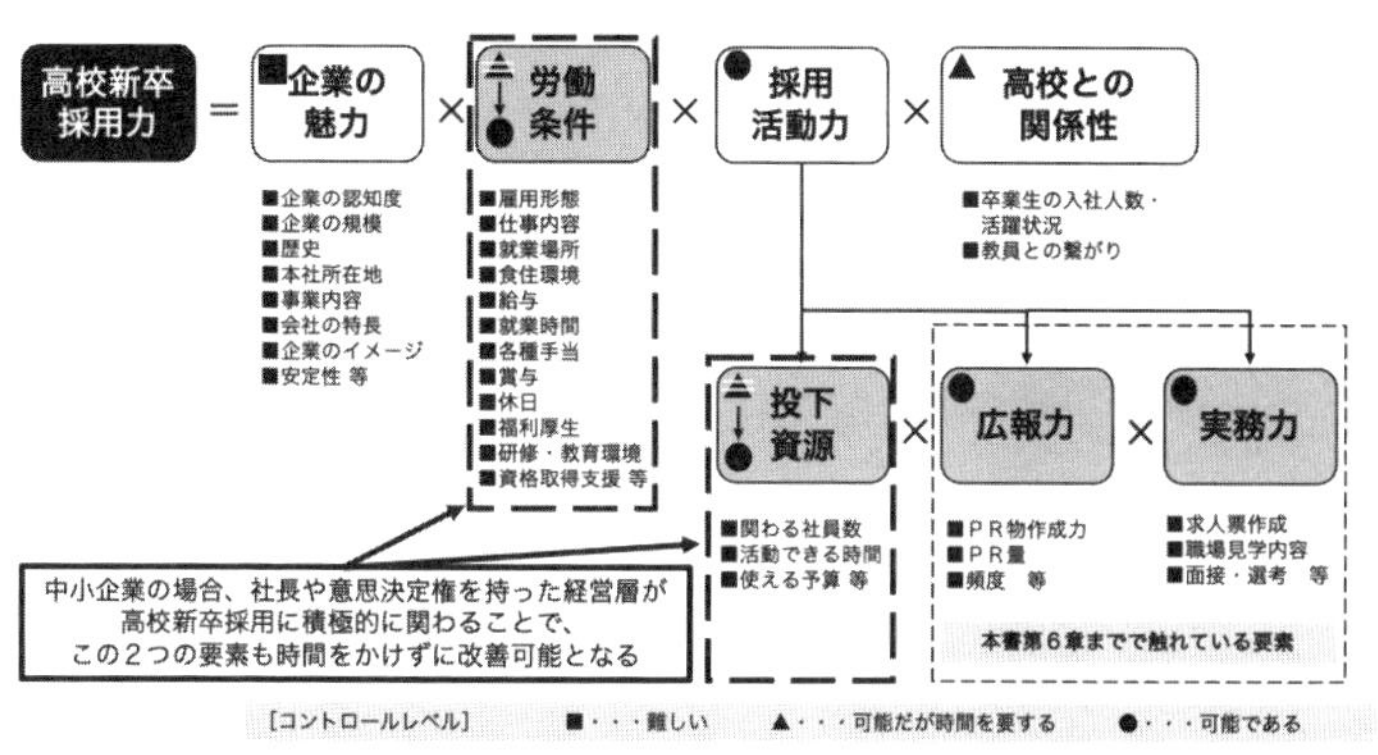

2章③でご紹介した多くの高校で作成されている「高卒求人票一覧」（図6参照）の上位に掲載されるためには、7月の第1週には対象高校への郵送を完了することが必須となります。ですので、**1年に1回のこの機会に照準を絞って、必要と思われる「労働条件」の改善を逆算してスムーズに行なっていく**必要があります。このことを考えると、意思決定権を持つ社長、もしくは経営層が高校新卒採用に関わることが大切になってくるというわけです。

続く8章では、実際の弊社のクライアント企業の事例をご紹介しますが、その中でも西日本で飲食店約50店舗を展開する株式会社タケノの竹野孔社長は、大学新卒採用がうまく進まなくなる中、いち早く高校新卒人材に着目されました。そして、高校新卒の採用と定着こそが、自社の今後の拡大における重要ファクターであると位置づけ、本来であれば時間を要する労働条件の改善の意思決定を素早く行ない、前年比15倍の高校新卒人材の採用に成功されました。このように高校新卒採用においては、**社長が関わることこそが、高校新卒採用成功軌道への一番の近道**だと言えるわけです。

8章

高校新卒採用に取り組む企業の事例紹介

①中堅社員がリアルに語ることで応募者が増えた「佐賀イエローハット」

「渡邉くん、今年は過去最多の5名の採用ができたよ」

こう電話をかけてきてくださったのは、佐賀県内でカーメンテナンス・車検・自動車用品販売の「イエローハット」を3店舗展開する、株式会社佐賀イエローハット（本社／佐賀県鳥栖市）の山﨑敏男社長。

高校新卒採用における佐賀イエローハットのPR対象高校は、店舗近隣の30校ほどであり、ここ数年、就職希望高校生からの応募は毎年1、2名だったが、この年（2020年）は過去最多の応募があり、結果的に5名の採用が決定。そして、その中には採用が難しいと言われている、卒業と同時に国家資格の自動車整備士を取得する2名の生徒も含まれていたとのことでした。

では、なぜ佐賀イエローハットに応募者が増えたのか？

図32　佐賀イエローハットの職場見学ムービー（イメージ）

その理由は、佐賀県内の多くの就職希望高校生に、「高校新卒の若手・中堅社員が語る」職場見学ムービーを見てもらえたことにあると考えています。

「高校新卒の若手・中堅社員が語る」職場見学ムービー…というと？

はい、職場見学ムービーとはご存じの通り、6章で触れた若手社員の中から選出した自社のヒーロー・ヒロインへのインタビュー動画のことです。

佐賀イエローハットでは、入社3年目の若手社員に加えて、入社10年目前後の中堅社員にも登場してもらいました。もちろん、いずれも高

図３３　中堅社員に語ってもらうことで未来へのイメージを掻き立てる

実際に高校新卒で入社した中堅社員（役職者）に語ってもらうことがポイント

校新卒の入社者です。

「高校新卒の若手・中堅社員が語る」職場見学ムービーとは、わかりやすくいうと、6章で触れた職場見学ムービーの「応用編」と捉えていただければいいのですが、若手社員に加えて、中堅社員にも登場してもらった目的はというと、それは、シンプルに「長く安心して働ける職場である」という事実を伝えるためです。

「長く安心して働ける職場である」という事実を伝えるため？

はい、佐賀イエローハットには、高校新卒入社から着実にキャリアアップを遂げて役職を持ち、プライベートでは結婚・家庭を持つ中堅社員が活躍していました。なので、その活躍する中堅社員に職場見学ムービーに登場してもらうことで、「長く安心して働ける職場である」という佐賀イエローハットの強みをよりリアルに感じてもらいたいと考えました。なぜなら、どれだけPR物に「長く働ける職場です」などと文字だけでPRしても、見る側は心の中で、どこか「本当だろうか？」と懐疑的に捉えているものです。なので、実際に活躍する中堅社員に登場してもらうということは、そんな見る側の疑いを拭い去る効果がある、というわけです。

佐賀イエローハットでは、高校新卒入社から着実にキャリアアップを遂げて役職を持ち、プライベートでは結婚・家庭を持つ中堅社員に職場見学ムービーに登場してもらった結果、冒頭でも触れた通り、過去最多の国家資格の自動車整備士取得者を含む、5名の高校新卒者を採用することができました。

このように、PRポイントが「長く安心して働ける職場」である場合、業種・職種にかかわらず、若手社員にプラスして、中堅社員にもスポットライトを当てることで、よりそのPRに真実味が増し、より多くの就職希望高校生からの反応を得ることにつながります。

②高校新卒社員の活躍と共に事業拡大する飲食チェーン「竹乃屋グループ」

「大学に行ってもそれなりに楽しかったかもしれないけれど、18歳で一歩先に社会に出たことで、いち早く成長できました」

そう語るのは、西日本エリアで新規出店を加速させている飲食チェーン「竹乃屋グループ」を運営する株式会社タケノ（本社福岡市／竹野孔社長）でエリアマネージャーを務めるNさん。

現在、熊本地区8店舗の店舗運営を任されている彼女は、高校新卒社員として2008年にタケノに入社。入社後は正社員として、ホール・キッチン業務に従事する中で店舗運営を学んできました。そして、入社3年目の21歳の時には最年少の女性店長に昇格。Nさんは、大学に進学した同級生たちが社会に出る22歳の時には、すでに役職と部下を持ち、現在も成長を続けるタケノの中核人材として活躍しています。では、なぜ彼女が21歳で最年少の女性店長になれたのか？　その秘密は、タケノの充実した教育環境と評価制度にあります。

図３４　タケノの職場見学ムービーの一コマ

充実した教育環境と評価制度？

はい、一言で言うと、タケノは学歴に関係なく成長意欲の高い人材がいち早くキャリアアップすることができる環境のある会社です。たとえば、会社が用意した１００を超える研修カリキュラムから、自分が学びたいカリキュラムを選択して受講ができるなど、意欲の高い社員にとってはうってつけの学べる環境があります。

また、最終学歴によって仕事内容や昇給昇進に差が出ることはなく、仕事への取り組み姿勢や業績への貢献度を重視した評価制度を取り入れているため、高校新卒でもやる気のある社員はどんどん学び、猛スピードで成長していくというわけです。事実、タケノでは、２０１７年以降、毎年数十名の高校新卒社員が入社しているわけですが、現在、Nさんに続き、入社3年目、4年目で店長を任される社員が順調に誕生しています。

しかし、今でこそ毎年多くの高校新卒社員が入社、活躍する同社ですが、とくに高卒求人倍率が「1・00倍」を超えた2015年以降は、これまでの方法では採用が難しくなりました。それまでは、近隣高校に高卒求人票を年に1回届けるだけで、毎年5、6名程度の採用ができていたのですが、2015年、16年とまったくといっていいほど応募が入らなくなったのです。

そんな中、本書で紹介してきた、高校への「高校新卒採用を効率的に軌道に乗せるための採用PR手法」を取り入れたことにより、翌2018年には驚くことに県外・遠方を含め、なんと40名超、そしてその翌年の2019年には、50名超の就職希望高校生からの応募が入るようになりました。2020年、2021年は、コロナ禍での飲食業界へ就職をすることにネガティブなイメージがありながらも、それでも「飲食業界に就職したい」「食に関わる仕事がしたい」という就職希望高校生からの応募が入り続け、高い水準で高校新卒者の採用を維持し続けています。では、なぜ短期間で、ここまでの高校新卒採用における驚異的な結

図３５　株式会社タケノの入社式・風景

果を残すことができたのか？

それは、代表である竹野社長が、会社の未来を考えた時に、何よりも人材採用・育成が重要であると捉えているからだと私は感じています。その結果、弊社からの改善提案を実行に移すか否かの意思決定が、驚くほどスピーディーに行なわれ、一気に高校新卒採用を軌道に乗せるための改善がなされていったためです。

そんな株式会社タケノは、飲食業界が大打撃を受けたコロナ禍にあっても、従業員の雇用を守り抜いたどころか、アフターコロナを見据えて、２０２１年から２０２２年にかけて、過去最高の新規出店を進める一歩先の未来を見据える、すばらしい企業です。

③高校新卒の介護福祉士が毎年入職する「社会福祉法人 敬愛園」

「介護福祉士（国家資格）を持っている高校新卒者が採用できるようになったことは、現場にとっても非常にありがたいことです」

そう語るのは、社会福祉法人敬愛園（本部福岡市／益田康弘理事長）の法人本部を取りまとめる有松貴彦部長。敬愛園では、これまで高校新卒採用を行なってきたものの、介護分野における高卒最上位資格である介護福祉士を、卒業と同時に取得する生徒（以下、「介護福祉士高校生」と呼ぶ）からの応募を得ることはできていませんでした。

その理由は、そもそも、卒業と同時に介護福祉士が取得できる高校の数が少なく、介護福祉士高校生自体の母数が少ないからです。たとえば、２０２０年時点で全国の高等学校の数は約４８００校ですが、そのうち介護福祉士資格を取得できる高校はわずか全体の２％である約１１０校しかありません。では、そのような中、なぜ敬愛園には毎年、安定的に介護福祉士高校生からの応募が入るようになったのか？

図36　敬愛園でのターゲットの絞り込みイメージ

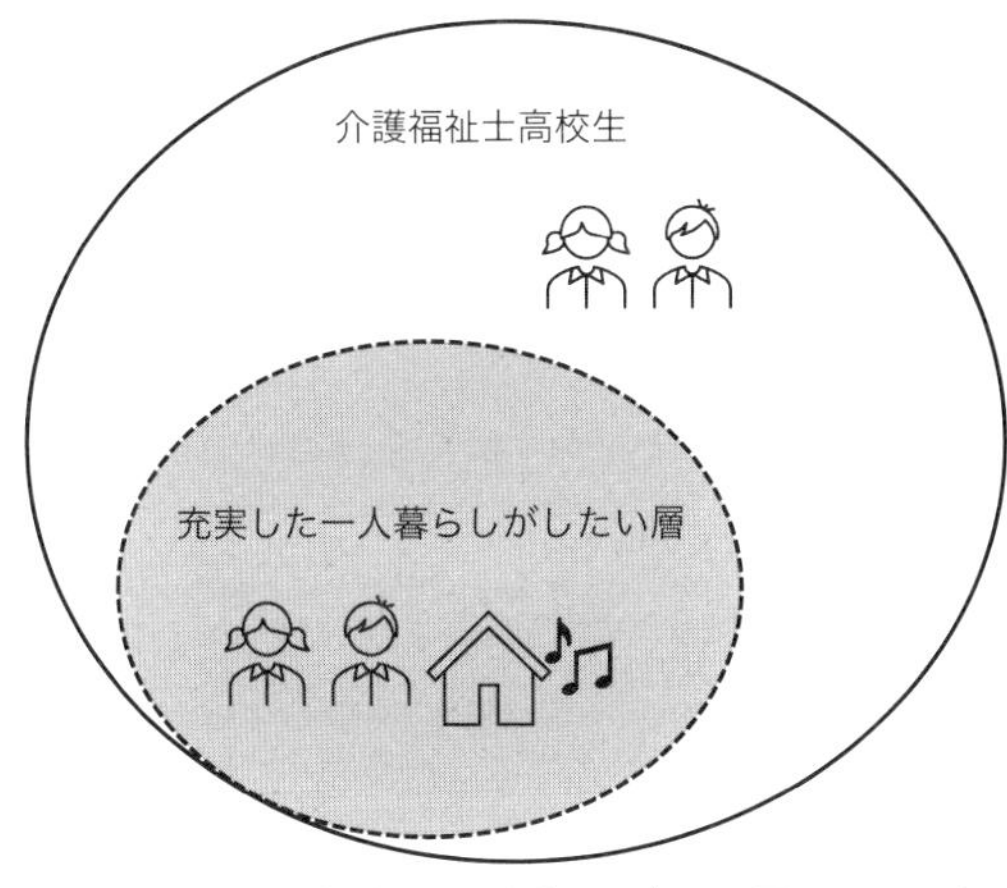

介護福祉士高校生の中から「充実した一人暮らしがしたい層」をメインターゲットに設定

その理由は、一言で言うとターゲットを絞り込んだからです。

ターゲットを絞り込んだ？

はい、わかりやすく言うと、ターゲットを単純に「介護福祉士高校生」とするのではなく、さらにこの「介護福祉士高校生」の中から、「充実した一人暮らしがしたい」と考えている層に絞り込みをかけた（図36）、ということです。

こうすることにより、「充実した一人暮らしがしたい介護福祉士高校生」に刺さるPRポイントが明確になってきます。そして、「職場見学ムービー」をはじめとする高校進路指導室に届けるPR物に、ターゲットが興味関心のある情報をしっかりと盛り込むことができるようになった、というわけです。その結果、敬愛園には採用難易度が高いと言われている介護福祉士高校生からの応募が、毎年順調に入るようになりました。では、敬愛園では、メインターゲットに設定した「充実した一人暮らしがしたい介護福祉士高校生」にどのようなメッセージを発信したのでしょうか?

それは、シンプルに、

（1）「食」と「住」に関する情報
（2） 都心部へのアクセス情報

大きく、この2つです。

（1） に関しては、7章③でも触れましたが、一人暮らしを希望する就職希望高校生の最大の関心事は、一にも二にも「食」と「住」に関する情報です。具体的には「どんな住居にいくらで住むことができるのか?」、そして、社食があるのであれば、「どんなメニューをいくらで食べることができるのか?」といった情報です。

図37　敬愛園のメインターゲットへの訴求ポイント

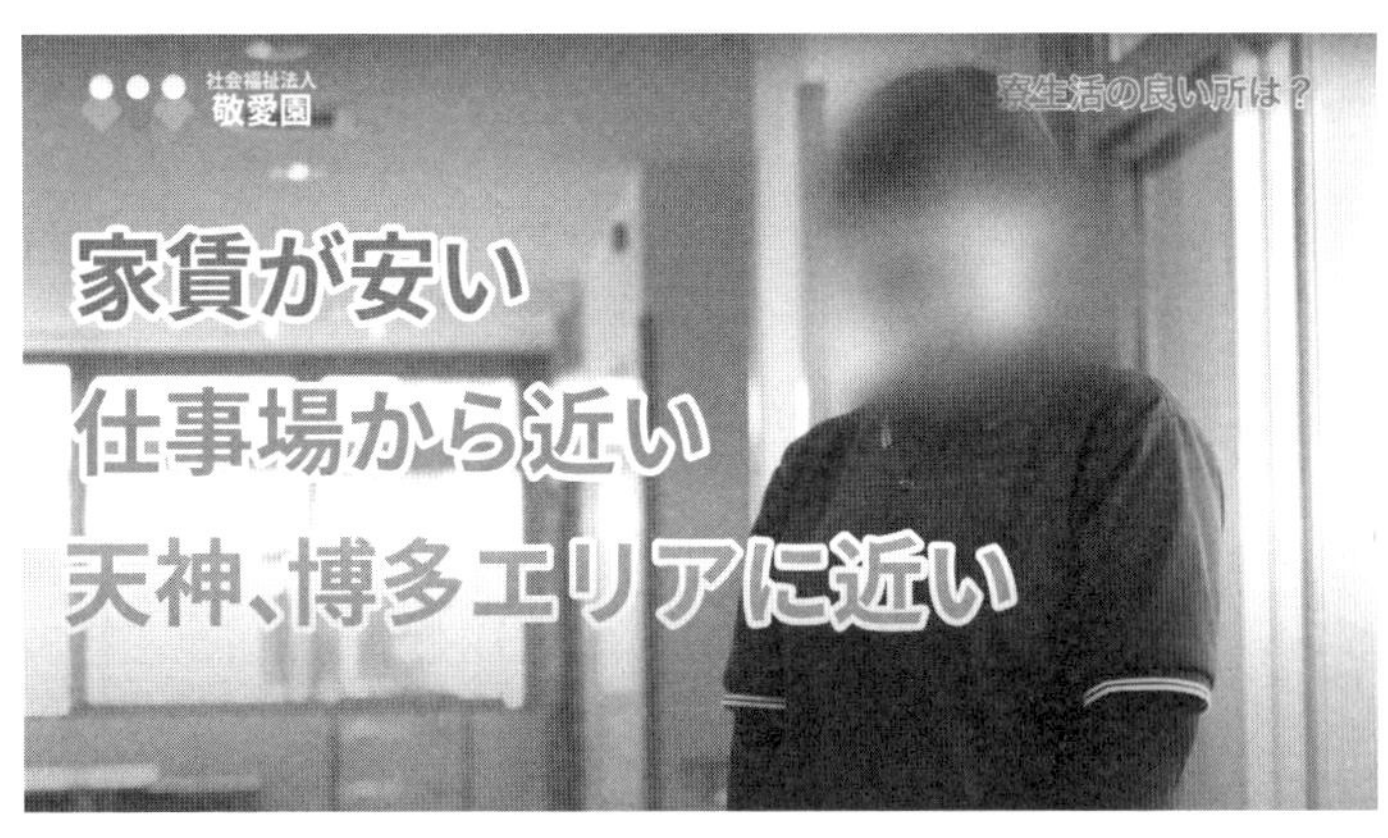

また、（2）については、休日を充実したものにするために「都心部へ出かけるための利便性のよさ」です。

このように、社会福祉法人敬愛園のような、遠方からの就職希望者が安心して入職できる万全の環境を整えている法人であれば、メインターゲットが興味関心のある2つの情報をPR物に落とし込むことで、メインターゲットへの訴求力が格段に上がります。

そして、その結果として、母数が少ないマーケットであるにもかかわらず、教員・生徒・保護者の心をしっかりとつかみ、毎年コンスタントに介護福祉士高校生からの応募が入るようになる、というわけです。

④県外から応募が入るローカルエリアの小さなモノづくり企業「九州精密」

「平均年齢45歳、社員の高齢化が進んでいます。次世代への技術の継承のためにも、若手人材の採用と育成に力を入れないとねぇ」

初めてお会いした際に、こう語ってくださったのは金型パーツや装置部品など、精密部品の製造や加工などを行なう有限会社九州精密（本社／福岡県直方市）の緒方宗道社長。最新鋭の設備を揃え、設計・材料の仕入れから生産まで一括発注によりトータルコストを削減。西日本には類を見ない精密部品の一貫加工企業です。

そんな九州精密の緒方社長と初めてお会いしたのは、2018年の秋頃だったでしょうか。中小企業診断士の中谷豪太さんから、「若手人材の不足に悩まれている中小企業の社長がいるので、ぜひ一度、高校新卒採用に関してお話しされてはどうか？」という話をいただいたのがきっかけでした。技術力が高く、知る人ぞ知る、ものづくり企業。しかし、都心部から離れ、従業員18名の平均年齢は45歳と高齢化が進み、高校新卒採用を含め、新卒採用はこれ

図３８　有限会社九州精密の職場見学ムービー

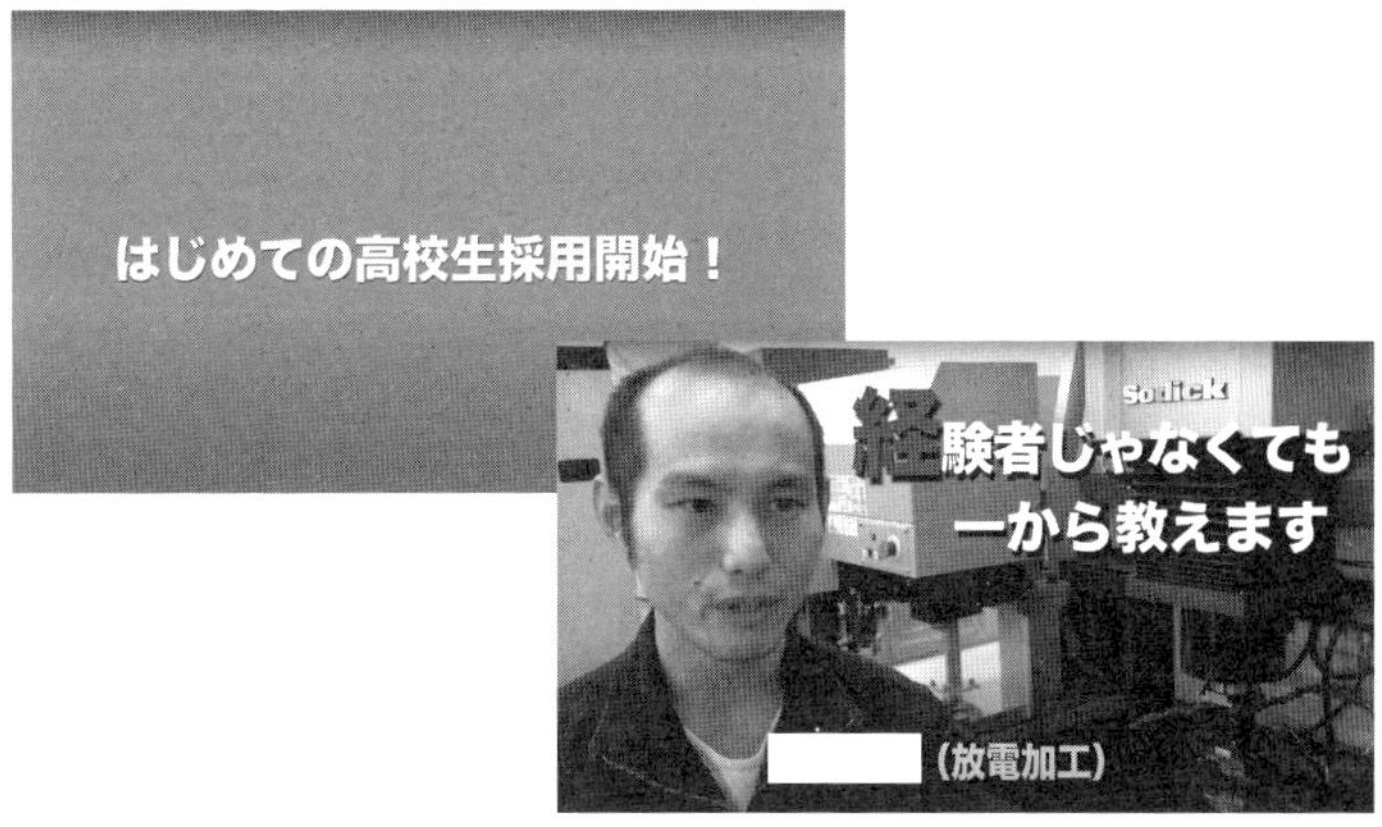

初年度から職場見学ムービーを作成して、動画のチカラで会社の魅力をＰＲ

まで行なったことはない。そんな九州精密の緒方社長に初めてお会いした際、私は「率直に申し上げて、簡単に結果につながらないかもしれません。ですが、社長が若手人材の採用に本気でしたら、お手伝いさせていただきます」こうお伝えし、支援を開始しました。

支援開始後、早々に着手したのが職場見学ムービーの作成。本書では第3フェーズ（5章①図22参照）に入った企業に、職場見学ムービーを作成することをオススメしてきましたが、九州精密では当初から職場見学ムービーの作成に着手しました。

その理由は、同社が該当する第1フェーズで作成をオススメしている紙のＰＲ物である「社長からの手紙」や「社員インタビュー」（3章④⑤参照）だけでは、情報量が限られているため、同社の現時点での高校新卒における採用力を考慮すると、就職希望高校生を惹きつけるだけの情報を盛り込むことが難しいと判断したためです。

職場見学ムービーの作成にあたっては、平均年齢45歳の同社の中でも、比較的若手である30代前後の男女社員に登場してもらい、九州精密のＰＲポイントを語ってもらうとともに、緒方社長自らにも登場してもらい、生徒だけでなく進路教員や就職指導員、そして保護者に響くメッセージを盛り込みました。

そして、九州各県の就職者数20名以上の高校３００校強にＰＲ対象を絞り、郵送でのＰＲを実施した結果、初年度から遠く離れた県外の高校新卒者1名を迎え入れることができ、現在では採用が難しいと言われている工業高校出身者を含む、２名の高校新卒社員が元気に活躍しています。

それでは、なぜ、都心部から離れた社員18名、高齢化が進む小さなモノづくり企業に遠く県外から、高校生が集ってきたのか？

図３９　有限会社九州精密の緒方社長

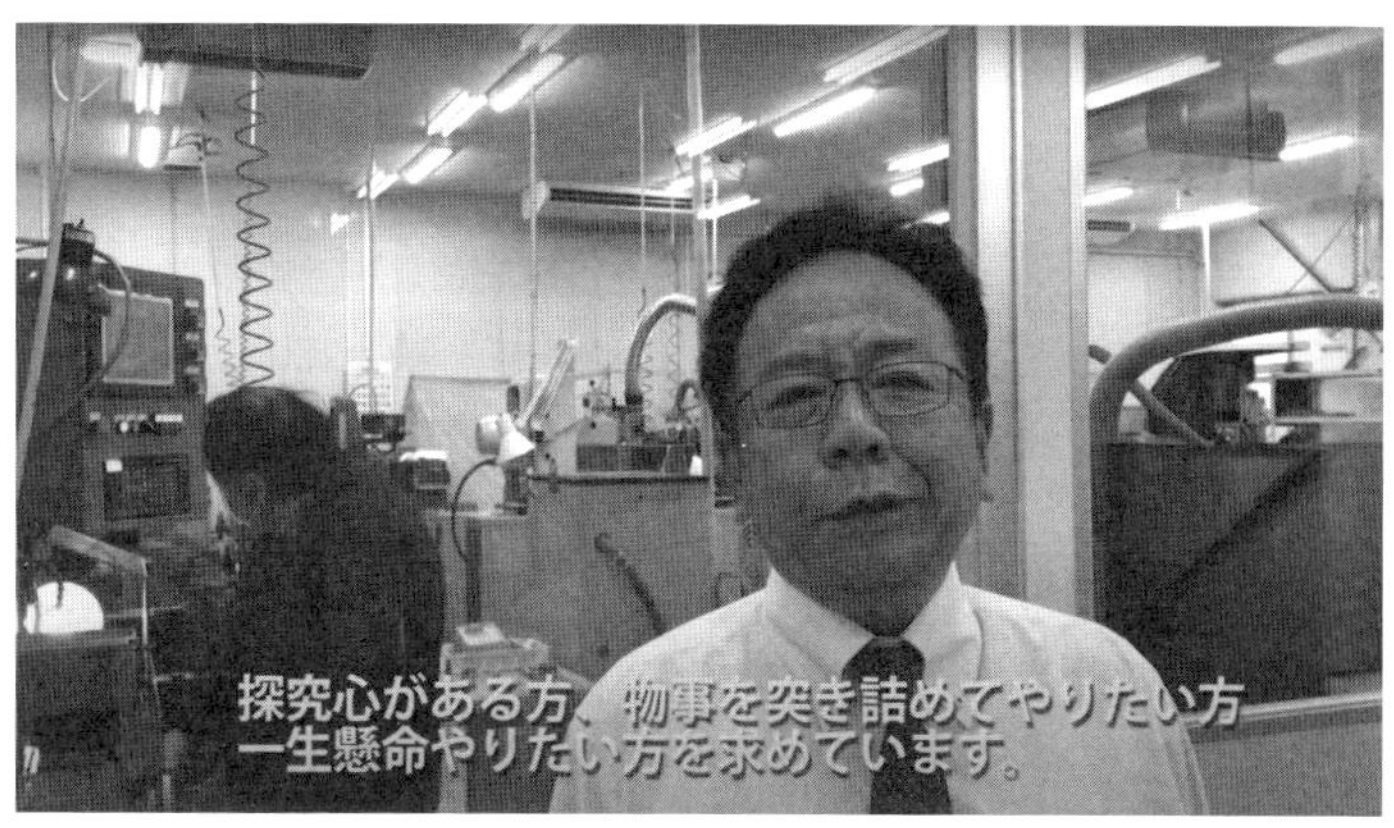

県外・遠方の高校にＰＲ対象を広げ、本書で紹介した郵送ＰＲを実行

それには、もちろん本書で紹介した高校への郵送ＰＲを地道に実践したことにもあるのですが、私は、一番の理由は社長ご自身が「技術の継承のためにも若手人材の採用と育成に力を入れないといけない！」という強い思いがあったからだと感じています。

高校新卒採用は、中小企業にとって注目すべきブルーオーシャンではあるものの、一方で、学校斡旋ルールに則った採用活動を行なわなければならず、九州精密のように、採用専任者がいない小さなモノづくり企業の社長にとっては、高校新卒採用に取り組むという決断自体が非常に覚悟のいるものです。しかし、その決断をされて社宅の用意を始め、受け入れ環境の改善にも着手、そして本書で紹介した郵送ＰＲを速やかに実践されたからこそ、遠方からも高校新卒人材が集まってきたものだと感じています。

⑤働きながらプロの技術が身につく！　長野のトータルビューティーサロン「ライトウェーブ」

「ライトウェーブに就職した理由は、専門学校に進学して学ぶよりも、働きながら実践でプロの技術を効率的に身につけたかったからです。お給料ももらえますし…」

そう笑顔で語ってくれたのは、4章②でも触れた長野県松本市に本社を構え、長野県内にトータルビューティーサロン「ライトウェーブ」を7店舗展開する、有限会社ラ・フェンネル（山本光伸社長）でエステティシャンとして活躍するYさん（高校新卒入社3年目）。

聞けば、Yさんは高校3年生の時にエステティシャンの技術を学べる専門学校への進学を視野に入れていました。しかし、高校3年生の夏に、地元で圧倒的な知名度を誇るライトウェーブの高卒求人票を目にし、エステ系の専門学校を卒業せずとも、高校新卒で働ける、またそれだけでなく、働きながらプロの技術を吸収し、資格取得も可能であるという衝撃の

図40　ライトウェーブの職場見学ムービーより

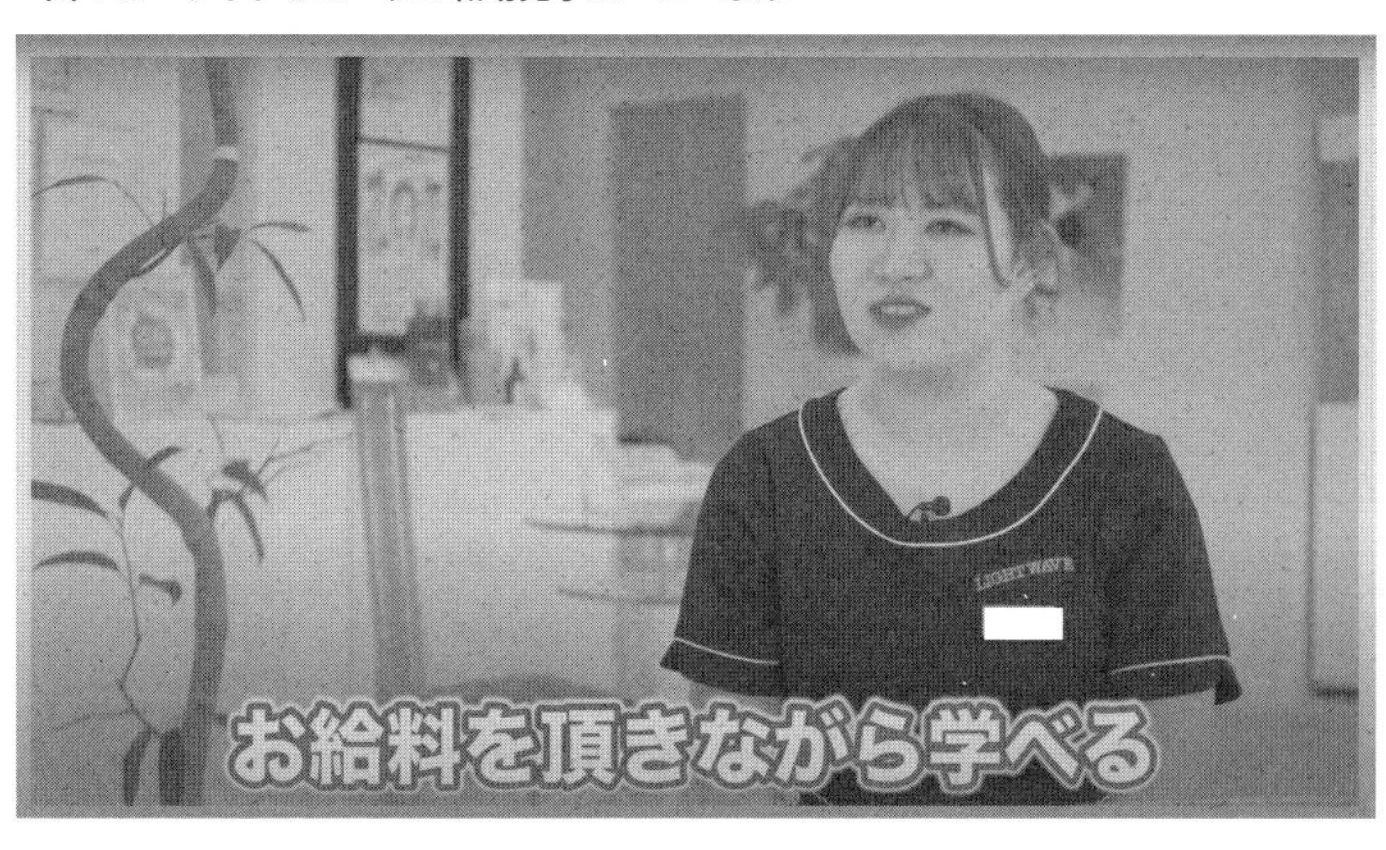

ライトウェーブでは高校新卒で入社し、働くながらプロの知識を吸収し、資格取得ができる

事実に出会います。その結果、Yさんは、当初考えていた専門学校への進学ではなく、いち早くエステの現場に出て揉まれることこそが、自己成長への近道と捉えて、ライトウェーブに応募し、晴れて入社した、とのことでした。

『働き、お給料を得ながら、成長できる』

私は、同社の職場見学ムービーの制作依頼を受けてインタビュアーを務めた際に、Yさんからこの話を聞いて、エステティシャンに興味がある長野県のすべての高校生にすばらしく夢のある話である、と感動したものです。また、それとともに、このような『働き、お給料を得ながら、成長できる』高卒求人が、日本全国にもっと増えていくことで、「学ぶ＝上級学校への進学」だけではなく、

「学ぶ＝就職」という選択肢もある、という新しい価値提供にもつながるのではないか、とワクワクしたものです。

この『働き、お給料を得ながら、成長できる』ことについて、同社の山本社長はこのような話をしてくださいました。

「もちろん、専門学校へ進学して、就職する前にじっくりとエステティシャンとしての知識を吸収するのもひとつです。しかし、一方で、専門学校に進学することを考えると、当然、それなりの学費がかかります。また、それだけでなく、長野の場合だと、多くは首都圏の専門学校へ進学するケースが多いようなので、1人暮らしにもそれなりのお金がかかります。そう考えると、どうでしょうか？　2年間でかかる費用はバカにならないじゃないですか。

であれば、地元長野でトータルビューティーサロンを展開する弊社に高校新卒で就職して、働きながらプロの技術を学び資格も取れる、という選択肢を用意してあげるとよいのではないか？　そういう思いもあり、高校新卒採用を始めたんです。エステに興味がある意欲の高い高校新卒社員が集まってくると成長も早いので、弊社としても助かりますし」と。

『学費を払いながら学ぶ立場』から『収入を得ながら学ぶ立場』へ。長野県で30万人超の施術実績を誇るライトウェーブは、エステティシャンに興味関心のある高校新卒者が最短でプ

図41　ライトウェーブの動画（職場見学ムービー）紹介レター

ＱＲコードをかざすと、職場見学ムービーを閲覧できるようになっている

ロの技術を習得し、資格を取得できる長野県のすばらしい企業です。

おわりに

「正直なところ、そんなにすごい情報やノウハウを伝えているわけではありません」

サイト経由の問い合わせや、支援依頼が入った際、私がよく先にお伝えする言葉なのですが、一瞬よく企業の方は「へ？」という顔をされます。

しかし、同時に、私が提供している内容は、高校新卒採用に本気の中小企業にとっては、決して価値が低いものでもない、と自負しております。

なぜなら、「学校斡旋」というベールに包まれ、採用がうまくいっている他社のPR手法がなかなか見えてこないため、自社でコツコツとノウハウを蓄積しなければならない、この高校新卒という採用マーケットにおいて、本書で紹介している「最短で効率的に高校新卒採用が軌道に乗る方法」は、本来、自社でコツコツと数年かけて、ノウハウを蓄積するためにかかっていた「時間とコスト」を一気に圧縮することができるからです。

また、それと同時に、郵送でのＰＲを推奨している本書のノウハウを活用すれば、極端な話、わざわざ高校新卒採用の専任担当社員を用意せずとも、着実にミッションを遂行してくれるパートさんがいれば、対応できる内容だからです。

さて、本書は、この10年間、実際の高校での就職指導に始まり、立場を変えて、企業側で幅広い業種・職種の高校新卒採用に関わってきた私の経験をもとに、高校新卒にこれから取り組む企業はもちろん、現在、取り組んでいるもののなかなか軌道に乗っていない、また採用はうまくいっているが、ミスマッチや早期離職の問題を抱えているなど、高校新卒採用に関わる、あらゆる段階にある中小企業へ向けた「高校新卒採用の教科書」としてご活用いただきたい、という思いを込めて執筆活動をスタートさせていただきました。

実際の事例を盛り込むことで、若手人材不足の問題を抱える全国の多くの中小企業に高校新卒採用のバイブルとして、ご活用いただきたいという私の思いをご理解いただき、執筆を進める中では、多くの方々の温かいご協力をいただきました。特に【８章】の事例紹介でご協力いただいた株式会社タケノの竹野社長、株式会社佐賀イエローハットの山崎社長、社会福祉法人敬愛園の益田理事長、有限会社九州精密の緒方社長、有限会社ラ・フェンネルの山本社長、そして株式会社セイブの田中社長（順不同）、本書の趣旨にご賛同いただき、事例掲載のご承諾をいただき、誠にありがとうございます。

そして、企画段階から多くのアドバイスをくださり、多くの勇気を与えてくださった商業出版会議「著者リンピック」の運営メンバーの皆様、「この書籍を書き上げて、ニッポンの高校新卒採用の専門家として活躍しなさい！」と叱咤激励してくださった、産学社の薗部社長、このような出版のチャンスを与えていただき、本当にありがとうございます。全国のキラリと輝く中小企業の高校新卒採用支援を通じて、卒業後、就職を希望する高校生に1枚でも多くの魅力ある高卒求人を届けてまいります。

最後に、

私が執筆に集中するためにさまざまな業務を代わって進めてくれた弊社の頼れるスタッフ・パートナーの皆さん、休みの日も朝から執筆活動に出かけていく私を温かく見守ってくれた妻・千春と3人の大好きな子どもたち。亡き父・顥と私を産んでくれた母・弘子、そしていつも子どもたちを気にかけてくれる妻の両親と関わってくださるすべての方々に心から感謝し、ペンを置くこととします。

２０２２年11月　渡邉宏明

◆お問い合わせ

高校新卒採用の改善やお悩み、セミナーや研修、執筆などのご依頼につきましては、左記までお問い合わせください。

■メールアドレス　info@seruad.com

さて、この書籍をお買い上げいただいたあなたへの特典のご案内です

あなたの会社が高校新卒採用に「これから取り組もうとしている」、もしくは「すでに取り組んでいる」、いずれの状況にかかわらず、高校新卒採用を最短で効率的に軌道に乗せるために、ぜひとも用意していただきたいものがあります。それは、本書の7章④で触れた「22歳時の輝けるキャリアパスモデル（以下、18歳のキャリアパス）」です。この18歳のキャリアパスを作成することで、大きく3つの効果が得られます。

■しっかりした育成ビジョンを持って、高校新卒採用に取り組む企業として、あなたの会社に対しての**高校進路教員の心象が一気によくなる。**

■22歳時のイメージを指し示すことで、より**成長意欲の高い就職希望高校生からの応募**が見込める可能性が高くなる。

■自社内に指し示すことで、高校新卒社員を**全社で育てる風土醸成**につながる

いかがですか？　たかがキャリアパスモデル、されどキャリアパスモデル。

今回、この高校新卒採用に活用できる「18歳のキャリアパス・作成テンプレート」を書籍ご購入特典として、プレゼントいたします。自社で活用したい方は、左記のQRコードを読み取りお申し込みください。

ただ、このプレゼント企画は予告なく終了することもございますので、お早めのお申し込みをおすすめいたします。

◎読者特典「18歳のキャリアパス・作成テンプレート」お申し込みQRコード

【著者略歴】

渡邉 宏明（わたなべ・ひろあき）

1977年、福岡県生まれ。

「高卒採用」改善コンサルタント。

2000年代後半、リクルート在籍時に高校新卒人材の領域に注目。2012年には高校に就職指導員として入職、年間70名の就職指導を行なう中で高校生の職業選択フローを調査。

その後、東証一部上場の子会社・グループ会社7社の高校新卒採用に従事、延べ高校1500校以上を訪問。2018年に18歳新卒ラボ（株式会社セールスアドベンチャー）を設立。

各地の中小企業に高校新卒採用・定着支援を提供。

経営者等の口コミメインで支援先を広げている。


日本キャリア開発協会会員・キャリアコンサルタント。日本経済新聞全国版での寄稿掲載などメディア掲載多数。

■18歳新卒ラボのサイトはこちらから

社長！今すぐ「高校新卒採用」に取り組みなさい！

初版1刷発行●2023年　1月　31日

著　者
渡邉 宏明

発行者
薗部 良徳

発行所
㈱産学社
〒101-0051 東京都千代田区神田神保町3-10　宝栄ビル
Tel.03（6272）9313　Fax.03（3515）3660
http://sangakusha.jp/

印刷所
㈱ティーケー出版印刷

ISBN978-4-7825-3579-0 C0034